आओ करके सीखें विज्ञान का खेल

विज्ञान केवल जानने का नहीं, करने का नाम है।

"हर बच्चे में छिपा है एक वैज्ञानिक।"
"क्यों पूछो, खोजो और करो – यही है विज्ञान।"
"Learning by Doing – Science in Action!"

दुधेश्वर कंवर
(शिक्षाविद्, विज्ञान संप्रेषक, प्रेरक लेखक)

"क्योंकि विज्ञान केवल जानने का नहीं,
करने का नाम है।"

Printed and Published by:
Dudheshwar Kanwar

First Edition: 2025
Language: Hindi (Devanagari)
www.amazon.in/author/dudheshwarkanwar
Printed in India

Dedication Page (समर्पण पृष्ठ)

यह पुस्तक उन सभी बच्चों को समर्पित है —
जो सवाल पूछते हैं, प्रयोग करते हैं,
और दुनिया को “क्यों” की नज़र से देखते हैं।

तुम ही कल के वैज्ञानिक हो।

Table of Contents (विषयसूची)

अध्याय शीर्षक

आओ करके सीखें — विज्ञान का खेल
(Aao Karke Seekhein – Vigyan Ka Khel)

लेखक:
दुधेश्वर कंवर

उद्देश्य:
बच्चों को प्रयोगों के माध्यम से विज्ञान सिखाना, ताकि वे विज्ञान को पढ़ें नहीं, बल्कि महसूस करें और अनुभव करें।

अध्याय 1: विज्ञान क्या है?

सीखने का उद्देश्य:

जानें कि "विज्ञान" क्या है, हम रोज़मर्रा की ज़िंदगी में इसे कैसे देखते हैं, और वैज्ञानिक सोच कैसी होती है।

परिचय:

क्या आपने कभी सोचा है —
बिजली का बल्ब कैसे जलता है?
बारिश क्यों होती है?
या फिर, पक्षी बिना गिरते आसमान में कैसे उड़ते हैं?

इन सवालों के जवाब खोजने की कोशिश ही विज्ञान कहलाती है। विज्ञान का मतलब है — "ज्ञान का तरीका", यानी देखना, सोचना, पूछना और फिर खुद करके जानना।

विज्ञान क्या करता है?

विज्ञान हमें यह समझने में मदद करता है कि —

चीज़ें कैसे काम करती हैं

घटनाएँ क्यों होती हैं

और हम कैसे नई चीज़ें बना सकते हैं

उदाहरण के लिए:

जब आप गेंद हवा में फेंकते हैं और वह नीचे गिरती है — यह गुरुत्वाकर्षण है।

जब पानी गर्म होता है और भाप बनती है — यह वाष्पन है।

जब पौधा सूरज की रोशनी में बढ़ता है — यह प्रकाश संश्लेषण है।

विज्ञान हर जगह है!

आपके मोबाइल, पंखे, खिलौने, या यहां तक कि आपकी सांसों में भी।

प्रयोग 1: "विज्ञान हमारे चारों ओर"

सामग्री:

एक गुब्बारा

एक पेंसिल

एक छोटा गिलास पानी

* क्या करें:

गुब्बारा फुलाइए और छोड़ दीजिए।
देखें — वह अपने आप उड़ता है।
(यह हवा के बल का उदाहरण है।)

पेंसिल को पानी के गिलास में डालिए।
देखें — पेंसिल टेढ़ी क्यों दिखती है?
(यह प्रकाश का अपवर्तन है।)

* क्या सीखा?

विज्ञान को समझने के लिए आपको सिर्फ ध्यान से देखना और सवाल पूछना है।

हर बार जब आप "क्यों?" पूछते हैं —
आप एक छोटे वैज्ञानिक बन जाते हैं।

सोचिए और बताइए:

जब सूरज निकलता है तो छाया क्यों बदलती है?

चाँद कभी आधा, कभी पूरा क्यों दिखता है?

पेड़ हमेशा ऊपर की ओर क्यों बढ़ते हैं?

इन सवालों के जवाब खोजिए — यही विज्ञान है!

गतिविधि: "मैं वैज्ञानिक हूँ!"

एक कॉपी में नीचे लिखिए:

* मेरा पसंदीदा वैज्ञानिक कौन है?
* मुझे किस चीज़ का रहस्य जानना है?
* मैं कौन-सा प्रयोग करना चाहता हूँ?

चित्र बनाइए और अपनी "विज्ञान डायरी" शुरू कीजिए।

* चित्र विवरण:
  * एक बच्चा आवर्धक काँच (Magnifying glass) से चींटी देख रहा है
  * सूरज की किरणें पड़ने पर पेड़ की छाया बदलती दिख रही है
  * गुब्बारे से निकलती हवा से छोटा रॉकेट उड़ता हुआ
  * "मैं वैज्ञानिक हूँ" शीर्षक से कॉपी लिखता बच्चा

(इन चित्रों को रंगीन व शिक्षणात्मक रूप में दिखाया जाएगा।)

* सारांश:

विषय	सीख
विज्ञान	जिज्ञासा और खोज का नाम है
तरीका	देखकर, सोचकर, करके समझना
ज़रूरत	नई चीज़ें जानने और जीवन सुधारने की
उदाहरण	हवा, प्रकाश, पानी, पौधे — सबमें विज्ञान

* क्या याद रखें:

विज्ञान सिर्फ किताबों में नहीं, आपके आसपास हर जगह है।

जो “क्यों?” पूछता है — वही वैज्ञानिक सोच रखता है।

प्रयोग करके सीखना सबसे मज़ेदार तरीका है।

* छोटा क्विज़:

1 विज्ञान का अर्थ क्या है?
2 हवा से उड़ता गुब्बारा किस नियम को दिखाता है?
3 “प्रकाश का अपवर्तन” कहाँ देखा आपने?
4 आप किन चीज़ों में रोज़ विज्ञान देखते हैं?

(उत्तर अगले भाग में)

** “क्या सीखा”:

विज्ञान हर सवाल का जवाब नहीं देता,
बल्कि हमें सवाल पूछना सिखाता है।
यही शुरुआत है — एक वैज्ञानिक बनने की!

अध्याय 2: हमारे चारों ओर विज्ञान

* सीखने का उद्देश्य:
जानना कि हम रोज़मर्रा की चीज़ों में विज्ञान को कैसे पहचान सकते हैं।

** परिचय:
जब आप सुबह उठते हैं —
सूरज की रोशनी से कमरा जगमगा उठता है
जब आप पंखा चलाते हैं — हवा महसूस होती है
जब आप मोबाइल ऑन करते हैं — बिजली काम करती है।

क्या आपने सोचा?
इन सब के पीछे विज्ञान की शक्ति है!

* विज्ञान हर जगह है —
हमारे घर में, स्कूल में, रसोई में, खिलौनों में, और यहाँ तक कि हमारे शरीर में भी!

* प्रयोग 1: "पंखा क्यों घूमता है?"
* सामग्री:
एक छोटा बैटरी वाला मोटर

दो तार

एक ब्लेड (प्लास्टिक का या कागज़ का)

एक सेल

* क्या करें:
तारों को बैटरी और मोटर से जोड़िए।

ब्लेड को मोटर पर लगाइए।

बैटरी को जोड़ते ही ब्लेड घूमेगा!

* यह बिजली से चलने वाला मोटर है, जो विद्युत ऊर्जा को यांत्रिक ऊर्जा में बदलता है।

* क्या सीखा?
पंखा बिजली की मदद से घूमता है क्योंकि बिजली मोटर को चलाती है।
यही विज्ञान है — ऊर्जा का रूप बदलना।

प्रयोग 2: "रसोई में विज्ञान"
जब माँ खाना पकाती हैं —
गैस की लौ से गर्मी मिलती है
पानी उबलता है, भाप बनती है
आटे की रोटी पकने पर रंग बदलती है

* यहाँ ऊष्मा (Heat) और रासायनिक परिवर्तन काम करते हैं।

घर पर छोटा प्रयोग:
एक छोटा बर्तन लें

थोड़ा पानी डालें

गैस पर रखें (सुरक्षा के साथ, बड़े की मदद से)

देखें: कुछ समय बाद भाप बनती है

* यह वाष्पन (Evaporation) है —
जब द्रव (Liquid) गर्म होकर गैस (Gas) में बदलता है।

प्रयोग 3: "दर्पण का जादू"
सामग्री:
एक छोटा आईना

एक टॉर्च या मोबाइल लाइट

करें:
लाइट को आईने पर डालिए।

देखें — किरणें दूसरे दिशा में जाती हैं।

* यह परावर्तन (Reflection) कहलाता है।
आपका चेहरा आईने में इसी कारण दिखता है!

प्रयोग 4: “गेंद क्यों घूमती है?”
सामग्री:
एक टेनिस बॉल या छोटी गेंद

समतल ज़मीन

करें:
गेंद को हल्का धक्का दें — वह लुढ़केगी।

ध्यान दें — कुछ समय बाद वह रुक जाती है।

क्यों? क्योंकि ज़मीन उसे घर्षण (Friction) से रोकती है।
यदि घर्षण न हो, तो गेंद हमेशा चलती रहती!

न्यूटन का पहला नियम —

“कोई वस्तु तब तक चलती रहेगी जब तक कोई बल उसे रोक न दे।”

प्रयोग 5: “मोबाइल की स्क्रीन क्यों चमकती है?”
मोबाइल की स्क्रीन में एलईडी (Light Emitting Diodes) लगी होती हैं,
जो बिजली मिलने पर प्रकाश ऊर्जा देती हैं।

* यहाँ भी विज्ञान है —
विद्‍युत ऊर्जा → प्रकाश ऊर्जा

** चित्र विवरण:
* बच्चा मोटर से बना छोटा पंखा चला रहा है

* भाप निकलती हुई केतली

* आईने में दिखती टॉर्च की रोशनी

* बच्चा गेंद लुढ़काता हुआ

* मोबाइल स्क्रीन चमकती हुई

(इन सभी चित्रों को रंगीन और प्रयोगात्मक रूप में दिखाया जाएगा)

सोचिए और बताइए:
जब पंखा चलता है तो हवा कहाँ से आती है?

पानी गरम करने पर उबलता क्यों है?

आईने में बाईं ओर दिखने वाली चीज़ दाईं क्यों लगती है?

अगर गेंद अंतरिक्ष में फेंकी जाए तो क्या वह रुक जाएगी?

विज्ञान की सुंदरता है — सवाल पूछना!

** छोटा क्विज़:

	प्रश्न	उत्तर
1	पंखा किस ऊर्जा से चलता है?	विद्‌युत ऊर्जा
2	भाप बनना किस प्रक्रिया का उदाहरण है?	वाष्पन
3	आईने में चेहरा क्यों दिखता है?	प्रकाश का परावर्तन
4	गेंद को रुकने वाला बल कौन-सा है?	घर्षण बल

** सारांश:

विषय	सीख
पंखा	बिजली से मोटर चलती है
रसोई	ऊष्मा से पदार्थ बदलते हैं
आईना	प्रकाश लौटाता है
गेंद	घर्षण बल से रुकती है
मोबाइल	बिजली से प्रकाश बनता है

** "क्या सीखा":

विज्ञान सिर्फ किताबों में नहीं,
हमारी हर साँस, हर चीज़, हर काम में है।

अगर आप ध्यान से देखेंगे और सोचेंगे,
तो आप पाएँगे — पूरा संसार एक प्रयोगशाला है!

अध्याय 3: जिज्ञासा — वैज्ञानिक बनने की पहली सीढ़ी

* सीखने का उद्देश्य:

यह समझना कि "जिज्ञासा" यानी जानने की इच्छा ही विज्ञान की नींव है।
हर वैज्ञानिक ने "क्यों?" और "कैसे?" पूछकर ही कुछ नया खोजा।

* परिचय:

क्या आपने कभी सोचा है —
आसमान नीला क्यों होता है?
तारे रात में टिमटिमाते क्यों हैं?
पत्ते हरे क्यों होते हैं?
बारिश की बूँदें गोल क्यों होती हैं?

जब हम यह सब पूछते हैं,
तो हम उसी पल वैज्ञानिक बन जाते हैं।

* विज्ञान की शुरुआत प्रश्न पूछने से होती है,

और हर सवाल के जवाब की खोज ही विज्ञान कहलाती है।

* कहानी: "छोटा नील और जिज्ञासा"

नील पाँचवीं कक्षा में पढ़ता था।
एक दिन उसने देखा — जब वह गुब्बारा रगड़ता है, तो दीवार से चिपक जाता है!
उसने सोचा, "ऐसा क्यों हुआ?"

उसने माँ से पूछा। माँ बोलीं,

"तू खुद करके देख — शायद तुझे जवाब मिल जाए।"

नील ने फिर रगड़ा, और देखा — बाल भी खड़े हो गए!

** अब नील ने समझा — रगड़ने से बिजली (Static Electricity) **बनती**

है।

यही जिज्ञासा है — "क्यों?" पूछना, "कैसे?" करना और "क्या हुआ?" देखना।

* प्रयोग 1: "क्यों?" का मज़ा
* सामग्री:
एक प्लास्टिक की कंघी

सूखे कागज़ के छोटे टुकड़े

करें:
कंघी को बालों में 10 सेकंड तक रगड़िए।

अब उसे छोटे कागज़ के टुकड़ों के पास लाएँ।

* देखें — कागज़ उससे चिपकते हैं!

* क्यों?
कंघी में स्थिर विद्युत (Static Charge) बन गई।
इससे कागज़ आकर्षित हुए।

सवाल पूछने से ही आप प्रयोग करने लगते हैं। यही है विज्ञान की सोच।

* सोचिए:
जब हम सवाल नहीं पूछते,
तो हम चीज़ों को जैसे हैं वैसे मान लेते हैं।

लेकिन वैज्ञानिक सोचता है —

"अगर ऐसा है, तो क्यों है?"
"अगर यह बदले, तो क्या होगा?"

यही "अगर" और "क्यों" ही खोज की शुरुआत करते हैं।

प्रयोग 2: "अगर ऐसा हो तो?"

सामग्री:
दो कप

एक में गर्म पानी

एक में ठंडा पानी

एक-एक बर्फ का टुकड़ा

करें:
बर्फ को दोनों कपों में डालिए।

देखें — किसमें बर्फ पहले पिघलती है?

* जवाब: गर्म पानी में बर्फ जल्दी पिघलेगी।
* क्यों? क्योंकि ऊष्मा ऊर्जा ज़्यादा है।

यही सोच "अगर ऐसा हो तो क्या होगा?" आपको वैज्ञानिक बनाती है।

गतिविधि: "मेरा सवाल डायरी"

हर दिन एक नया सवाल लिखिए:

दिन	मेरा सवाल	मैंने क्या सोचा
सोमवार	सूरज डूबता क्यों है?	शायद वह घूमता है
मंगलवार	फूल रात में क्यों बंद होते हैं?	ठंड में बंद होते हैं
बुधवार	बारिश की आवाज़ क्यों आती है?	बादलों के टकराने से

आप खुद अपनी "साइंस डायरी" बना सकते हैं और हर सवाल का उत्तर खोज सकते हैं।

** महान वैज्ञानिकों की जिज्ञासा

नाम	उन्होंने क्या पूछा?	खोज
न्यूटन	सेब नीचे क्यों गिरा?	गुरुत्वाकर्षण का नियम
एडिसन	रोशनी कैसे बनाई जाए?	बल्ब
रमन	प्रकाश रंग क्यों बदलता है?	रमन प्रभाव
अब्दुल कलाम	रॉकेट कैसे उड़ता है?	मिसाइल टेक्नोलॉजी

उन्होंने "क्यों?" पूछा, "कैसे?" किया और दुनिया बदल दी।

** चित्र विवरण:

* बच्चा आसमान देखकर सोचता "आसमान नीला क्यों है?"

* दीवार से चिपका गुब्बारा

* बालों में रगड़ी कंघी और उड़ते कागज़

* दो कप — एक गर्म, एक ठंडा — बर्फ पिघलती हुई

* न्यूटन पेड़ के नीचे सोचता हुआ

(इन चित्रों को रंगीन और बच्चों की शैली में दिखाया जाएगा)

** छोटा क्विज़:

प्रश्न	उत्तर
1 विज्ञान की शुरुआत किससे होती है?	जिज्ञासा से
2 कंघी से कागज़ क्यों चिपकते हैं?	स्थिर विद्युत से
3 बर्फ किस पानी में जल्दी पिघलती है?	गर्म पानी में
4 “क्यों?” पूछना किसका संकेत है?	वैज्ञानिक सोच का

** सारांश:

विषय	सीख
जिज्ञासा	विज्ञान की पहली सीढ़ी
सवाल	खोज की शुरुआत
प्रयोग	“क्यों” का उत्तर पाने का तरीका
सोच	नया करने की प्रेरणा

“क्या सीखा”:
हर बड़ा वैज्ञानिक पहले एक छोटा जिज्ञासु बच्चा था।
जिसने दुनिया को बदलने से पहले
सवाल पूछना सीखा।

** प्रेरक वाक्य:

“जो हर चीज़ में ‘क्यों’ पूछता है,
वही कल का वैज्ञानिक बनता है।”

अध्याय 4: प्रयोग क्यों ज़रूरी हैं?

सीखने का उद्देश्य:

समझना कि सिर्फ किताबें पढ़ना काफी नहीं —
विज्ञान को समझने का सबसे अच्छा तरीका है — खुद करके देखना!

* परिचय:

आपने सुना होगा —

"सुनकर भूल जाओगे,
देखकर याद रखोगे,
लेकिन करके समझ जाओगे!"

यही है विज्ञान का असली मंत्र।
विज्ञान पढ़ने की चीज़ नहीं,
बल्कि करने और समझने की प्रक्रिया है।

जब आप कोई प्रयोग करते हैं —
आप सिर्फ देख नहीं रहे होते,
बल्कि प्रकृति से बातचीत कर रहे होते हैं।

प्रयोग क्या होता है?

जब हम किसी विचार या सवाल को खुद करके परखते हैं,
तो उसे "प्रयोग" कहते हैं।

हर प्रयोग में तीन बातें होती हैं:

1 सवाल: "क्या होगा अगर मैं ऐसा करूँ?"
2 अनुमान: "मुझे लगता है ऐसा होगा।"
3 परिणाम: "मैंने करके देखा — क्या सच में वैसा हुआ?"

* यही तीन कदम हर वैज्ञानिक सोच की नींव हैं।

प्रयोग 1: "साबुन के बुलबुले क्यों उड़ते हैं?"

* सामग्री:
1 कटोरी पानी

1 चम्मच साबुन

1 स्ट्रॉ (फूँकने के लिए)

** करें:
पानी में साबुन मिलाएँ।

स्ट्रॉ से फूँक मारें।

बुलबुले बनते हुए देखें।

कुछ बुलबुले उड़ेंगे, कुछ फूट जाएँगे।

* क्यों?
बुलबुले हवा से हल्के होते हैं, इसलिए ऊपर उड़ते हैं।
और सतह पर सतह तनाव (Surface Tension) काम करता है।

यह प्रयोग दिखाता है कि हवा, पानी और सतह मिलकर कैसे खेलते हैं!

प्रयोग 2: "कागज़ क्यों नहीं जलता?"
सामग्री:
मोमबत्ती

धातु का प्याला

थोड़ा पानी

1 मोटा कागज़

करें:
प्याले में थोड़ा पानी डालें।

उसके नीचे मोमबत्ती जलाएँ।

देखें — कागज़ नहीं जलता!

*** क्यों?**
क्योंकि पानी गर्मी को सोख लेता है,
और कागज़ का तापमान जलने से कम रहता है।

यही विज्ञान है — कारण समझना।

प्रयोग 3: "पेंसिल क्यों तैरती है?"

सामग्री:
एक गिलास पानी

एक पेंसिल

करें:
गिलास में पानी भरें।

पेंसिल डालिए।

देखें — वह कुछ हिस्सा डूबती, कुछ तैरती है।

*** क्यों?**
क्योंकि पानी का उत्प्लावन बल (Buoyancy) ऊपर की ओर धक्का देता है।
जब यह बल पेंसिल के वजन के बराबर होता है — वह तैरती है।

*** सोचिए:**

	प्रश्न	सोचने का संकेत
1	क्या हर चीज़ पानी में तैरेगी?	नहीं, यह उसके घनत्व पर निर्भर है।
2	क्या हवा में भी प्रयोग हो सकते हैं?	हाँ, जैसे रॉकेट या गुब्बारा उड़ाना।
3	अगर बुलबुले में तेल डाल दें तो क्या होगा?	शायद वह फूट जाएगा। क्यों न करके देखें?

हर प्रयोग एक नया सवाल देता है।

यही है विज्ञान की खूबसूरती।

* प्रयोग की चरण-दर-चरण प्रक्रिया:

चरण	क्या करें
1	एक सवाल सोचिए
2	अनुमान लगाइए (क्या होगा?)
3	खुद करके देखिए
4	परिणाम लिखिए
5	कारण समझिए

यही "वैज्ञानिक विधि (Scientific Method)" है।

** गतिविधि: "मेरा पहला प्रयोग"
अपनी डायरी में लिखिए:

प्रश्न	मेरा अनुमान	परिणाम	मैंने क्या सीखा
क्या प्लास्टिक पानी में डूबेगा?	हाँ	नहीं	घनत्व कम था

* इस तरह आप अपने खुद के प्रयोगों का रिकॉर्ड बना सकते हैं।

* चित्र विवरण:
* बच्चा बुलबुले उड़ाता हुआ

* कागज़ के नीचे जलती मोमबत्ती

* पानी में तैरती पेंसिल

* "करके सीखो" बोर्ड पर प्रयोग लिखते हुए बच्चे

* विचार बुलबुले: "क्यों?", "कैसे?", "क्या होगा?"

(ये चित्र रंगीन, प्रयोगात्मक और शिक्षाप्रद होंगे)

छोटा क्विज़:

प्रश्न	उत्तर
1 प्रयोग क्या है?	करके देखने की प्रक्रिया
2 कागज़ क्यों नहीं जलता?	पानी गर्मी सोख लेता है
3 बुलबुले क्यों उड़ते हैं?	हवा हल्की होती है
4 तैरने में कौन-सा बल काम करता है?	उत्प्लावन बल

* सारांश:

विषय	सीख
प्रयोग	विज्ञान को समझने का असली तरीका
सवाल	प्रयोग की शुरुआत
अनुमान	सोचने की कला
परिणाम	सीखने की सफलता

* "क्या सीखा":

सिर्फ पढ़ना विज्ञान नहीं,
खुद करना — महसूस करना — समझना ही असली विज्ञान है।
हर गलती, हर कोशिश आपको कुछ नया सिखाती है।

* प्रेरक वाक्य:

"जो प्रयोग करता है, वही नया रास्ता खोजता है।"

अध्याय 5: सुरक्षा नियम — प्रयोग करते समय ध्यान रखने योग्य बातें

सीखने का उद्देश्य:

समझना कि प्रयोग करते समय सुरक्षा सबसे ज़रूरी है,
क्योंकि विज्ञान मज़ेदार तभी है जब वह सुरक्षित हो।

परिचय:

विज्ञान खेल की तरह मज़ेदार है —
लेकिन जैसे हर खेल के कुछ नियम होते हैं,
वैसे ही हर प्रयोग के भी अपने सुरक्षा नियम होते हैं।

जब हम पानी, आग, बिजली या रासायनिक चीज़ों के साथ काम करते हैं,
तो हमें ध्यान और समझदारी की ज़रूरत होती है।

याद रखिए —

"एक समझदार वैज्ञानिक वही है,
जो पहले सुरक्षा सोचता है, फिर प्रयोग करता है।"

प्रयोग करते समय क्यों ज़रूरी है सुरक्षा?

क्योंकि:

1 कुछ चीज़ें गर्म होती हैं
2 कुछ में बिजली होती है
3 कुछ चीज़ें आँखों या त्वचा को नुकसान पहुँचा सकती हैं
4 और कई बार अनजाने में दुर्घटना हो सकती है

इसलिए हमें हमेशा सावधानी और तैयारी रखनी चाहिए।

* विज्ञान प्रयोगों के मुख्य सुरक्षा नियम:

1 "पहले सोचो, फिर करो"

हर प्रयोग से पहले यह सोचिए:

“क्या मुझे इसकी प्रक्रिया समझ में आ गई है?”
“क्या इसमें कुछ खतरनाक हो सकता है?”

यदि हाँ — तो पहले किसी बड़े व्यक्ति या शिक्षक से सलाह लें।

2 सुरक्षा चश्मा और दस्ताने पहनें
आँखें और हाथ सबसे संवेदनशील अंग हैं।

इसलिए अगर प्रयोग में:

तरल पदार्थ हो

गर्मी या आग हो

काँच या धातु का प्रयोग हो
तो हमेशा सेफ़्टी गॉगल्स और रबर ग्लव्स पहनें।

3 आग के पास सावधानी
* कभी भी बिना निगरानी के मोमबत्ती या गैस न जलाएँ।
* हमेशा किसी बड़े की मदद से करें।
* पास में पानी या कपड़ा रखें।

प्रयोग के बाद मोमबत्ती बुझाना न भूलें।

4 बिजली के प्रयोग सावधानी से करें
बिजली से जुड़े प्रयोगों में:

हमेशा 1.5V या 9V बैटरी का उपयोग करें

घर के बिजली के बोर्ड से कभी तार न जोड़ें

पानी और बिजली को साथ न रखें

यह याद रखें — बिजली से खेल नहीं, सावधानी चाहिए।

5 तरल पदार्थों को सूँघें नहीं

कुछ द्रवों या रसायनों की गंध तीखी हो सकती है।
अगर प्रयोग में कोई अजीब गंध आए —

तुरंत प्रयोग रोक दें और खिड़की खोलें।

6 प्रयोग के बाद सफाई करें

प्रयोग की वस्तुएँ सही जगह रखें

बचा हुआ पानी या पदार्थ फेंकें नहीं — पूछकर निपटाएँ

हाथ और मेज़ धो लें

प्रयोग वाली जगह साफ-सुथरी और सूखी रखें

साफ़ प्रयोगशाला = सुरक्षित प्रयोगशाला।

7 मुँह से कुछ न चखें

किसी भी पदार्थ को मुँह में न लें।
विज्ञान की चीज़ें खाने के लिए नहीं होतीं।

8 अकेले प्रयोग न करें

हमेशा किसी बड़े, शिक्षक या साथी के साथ प्रयोग करें।
टीमवर्क से आप एक-दूसरे की मदद भी कर सकते हैं और सुरक्षित रह सकते हैं।

“अगर कुछ गलत हो जाए तो?”

अगर गलती से कुछ गिर जाए, टूट जाए या जल जाए:

घबराएँ नहीं

तुरंत किसी बड़े को बुलाएँ

पानी, कपड़ा या फर्स्ट-एड बॉक्स पास रखें

याद रखें — गलती सीखने का हिस्सा है, लेकिन सुरक्षा पहले!

** सुरक्षा के प्रतीक चिन्ह (Safety Symbols)

प्रतीक	अर्थ
*	सावधानी रखें
*	आग से खतरा
*	बिजली का खतरा
*	रासायनिक पदार्थ
*	आँखों की सुरक्षा
*	दस्ताने पहनें
*	मुँह से न लें

गतिविधि: "मेरा सुरक्षा चार्ट"

** अपने नोटबुक में यह चार्ट बनाइए:

स्थिति	खतरा	क्या सावधानी रखूँगा
आग का प्रयोग	जलने का खतरा	पानी पास रखूँगा
काँच का बर्तन	टूटने का खतरा	धीरे रखूँगा
बिजली का प्रयोग	झटका लग सकता है	सिर्फ बैटरी से काम करूँगा

** चित्र विवरण:

* बच्चा सुरक्षा चश्मा पहनकर प्रयोग करता हुआ

* मोमबत्ती के पास सतर्क खड़ा छात्र

* बैटरी और बल्ब का प्रयोग (सुरक्षित तरीके से)

* प्रयोग के बाद सफाई करते बच्चे

* शिक्षक "सुरक्षा पहले" का बोर्ड दिखाती हुई

(चित्र रंगीन, शिक्षणात्मक और बच्चों के अनुकूल होंगे)

** छोटा क्विज़:

	प्रश्न	उत्तर
1	क्या आग से खेलना चाहिए?	नहीं, सिर्फ निगरानी में प्रयोग
2	बिजली के प्रयोग में क्या उपयोग करें?	बैटरी
3	प्रयोग के बाद क्या करें?	सफाई
4	आँखों की सुरक्षा के लिए क्या पहनें?	गॉगल्स

** सारांश:

विषय	सीख
सुरक्षा	हर प्रयोग में ज़रूरी
सोच	पहले योजना, फिर काम
सावधानी	छोटी बात नहीं, बड़ी ज़िम्मेदारी
टीमवर्क	मिलकर करना सुरक्षित है

"क्या सीखा":

विज्ञान का असली मज़ा तब है,
जब हम सुरक्षित रहकर
खोजने, करने और सीखने का आनंद लें।

सुरक्षा पहले, प्रयोग बाद में।

** प्रेरक वाक्य:

"एक सच्चा वैज्ञानिक वही है
जो खुद को और दूसरों को सुरक्षित रखे।"

अध्याय 6: घर की चीज़ों से विज्ञान के आसान प्रयोग

सीखने का उद्देश्य:

यह जानना कि विज्ञान सीखने के लिए महँगी लैब की ज़रूरत नहीं, बल्कि हमारे घर की चीज़ें ही प्रयोगशाला बन सकती हैं!

परिचय:

क्या आप जानते हैं?
नींबू, गुब्बारा, बोतल, पानी, नमक, बेकिंग सोडा —
इन सब में विज्ञान छिपा है।

आप अपने रसोईघर, बगीचे और कमरे में भी
असली वैज्ञानिक प्रयोग कर सकते हैं।

आज हम ऐसे 5 मज़ेदार प्रयोग करेंगे
जो पूरी तरह सुरक्षित, आसान और सीखने योग्य हैं।

प्रयोग 1: "नींबू से बिजली बनाओ!"

सामग्री:

1 नींबू

1 कॉपर (ताँबे) का सिक्का या तार

1 जिंक की कील

1 छोटा LED बल्ब (या डिजिटल मीटर)

करें:

नींबू को हल्का दबाकर मुलायम करें।

उसमें सिक्का और कील डालें (दोनों छूने न पाएं)।

अब तारों से LED जोड़िए।

देखिए — बल्ब हल्का जलता है!

क्यों?
नींबू में मौजूद एसिड (Citric Acid) बिजली पैदा करता है।
यह एक रासायनिक बैटरी (Chemical Cell) बन जाती है।

नींबू + धातु = ऊर्जा! यही विज्ञान है।

प्रयोग 2: "गुब्बारा जो खुद फूले!"
सामग्री:
1 नींबू या सिरका

1 चम्मच बेकिंग सोडा

1 खाली बोतल

1 गुब्बारा

करें:
बोतल में नींबू रस या सिरका डालें।

गुब्बारे में बेकिंग सोडा भरें।

गुब्बारे को बोतल के मुँह पर लगाकर झुका दें।

देखिए — गुब्बारा अपने आप फुलने लगता है!

क्यों?
सिरका और बेकिंग सोडा मिलकर कार्बन डाइऑक्साइड गैस बनाते हैं,
जो गुब्बारे को भर देती है।

** यह एक रासायनिक प्रतिक्रिया (Chemical Reaction) है।

प्रयोग 3: “बोतल में अंडा कैसे गया?”

सामग्री:
एक उबला हुआ अंडा

एक काँच की बोतल (मुँह थोड़ा छोटा)

थोड़ा जलता हुआ कागज़

करें:
बोतल के अंदर कागज़ जलाइए (बड़े की मदद से)।

जल्दी से अंडा ऊपर रखिए।

देखिए — अंडा धीरे-धीरे अंदर चला जाता है!

क्यों?
कागज़ जलने से हवा गरम होकर फैलती है,
फिर ठंडी होकर सिकुड़ती है — अंदर दबाव घटता है,
और बाहर की हवा अंडे को अंदर धकेल देती है।

यह है हवा का दबाव (Air Pressure)।

प्रयोग 4: “पानी उल्टा नहीं गिरा!”

सामग्री:
1 गिलास पानी

1 कार्ड (जैसे मोटा कागज़)

करें:
गिलास में ¾ पानी भरें।

कार्ड को ऊपर रखकर गिलास को उल्टा करें।

हाथ छोड़ दीजिए — कार्ड नहीं गिरेगा!

क्यों?
नीचे की हवा गिलास को ऊपर से दबा रही है —
यह वायुदाब (Atmospheric Pressure) का उदाहरण है।

प्रयोग 5: "चलती हुई काली मिर्च"

सामग्री:
एक कटोरी पानी

थोड़ी काली मिर्च

थोड़ा साबुन या डिटर्जेंट

करें:
पानी में काली मिर्च छिड़कें।

अब उंगली को साबुन में डुबाकर पानी में डालें।

देखिए — सारी मिर्च किनारे भाग जाती है!

क्यों?
साबुन सतह के तनाव को तोड़ देता है।
इससे मिर्च किनारे की ओर खिसक जाती है।

यह सतह तनाव (Surface Tension) का प्रयोग है।

सोचिए और बताइए:

	प्रश्न	संकेत
1	अगर दो नींबू जोड़ दें तो क्या बल्ब ज़्यादा चमकेगा?	शायद हाँ
2	क्या गुब्बारा ठंडे सिरके से भी फुलेगा?	कम
3	क्या बिना साबुन के पानी में मिर्च हिलेगी?	नहीं

विज्ञान हमेशा "क्यों?" पूछने से बढ़ता है।

गतिविधि: "मेरा घर — मेरी प्रयोगशाला"
बच्चे अपनी कॉपी में यह चार्ट बनाएँ:

प्रयोग का नाम	उपयोग की चीज़ें	क्या हुआ	क्या सीखा
नींबू बैटरी	नींबू, कील, सिक्का	बल्ब जला	रासायनिक ऊर्जा
गुब्बारा	सिरका, बेकिंग सोडा	गुब्बारा फूला	गैस बनी
पानी उल्टा	गिलास, कार्ड	पानी नहीं गिरा	वायुदाब

** चित्र विवरण:

* नींबू बैटरी से जलता बल्ब

* सिरके से फुलता गुब्बारा

* बोतल में गिरता अंडा

* उलटा गिलास और कार्ड

* साबुन डालते ही भागती काली मिर्च

(सभी चित्र रंगीन और बच्चों की कल्पना अनुसार बनाए जाएँगे)

छोटा क्विज़:

	प्रश्न	उत्तर
1	नींबू से बिजली क्यों बनी?	एसिड और धातु से रासायनिक ऊर्जा
2	गुब्बारा क्यों फूला?	गैस बनने से
3	कार्ड क्यों नहीं गिरा?	हवा का दबाव
4	मिर्च क्यों भागी?	सतह तनाव टूटा

सारांश:

विषय	सीख
नींबू	बिजली उत्पन्न कर सकता है
सिरका	रासायनिक प्रतिक्रिया दिखाता है
हवा	दबाव डालती है
पानी	सतह तनाव रखता है
घर की चीज़ें	प्रयोगशाला बन सकती हैं

"क्या सीखा":

विज्ञान दूर नहीं —
वह हमारे घर की हर चीज़ में छिपा है।
बस उसे ध्यान से देखो, करो, और समझो।

** प्रेरक वाक्य:**

“हर घर में छिपा है एक वैज्ञानिक —
बस उसे जिज्ञासा से जगाना है।”

“आओ करके सीखें — विज्ञान का खेल”

अध्याय 7: भारत के महान वैज्ञानिक और उनकी खोजें

सीखने का उद्देश्य:
यह समझना कि भारत के वैज्ञानिकों ने कैसे अपनी जिज्ञासा और मेहनत से
दुनिया को बदल दिया, और हमें उनसे प्रेरणा लेनी चाहिए।

परिचय:
भारत ज्ञान, खोज और विज्ञान की भूमि रही है।
हमारे पूर्वजों ने जब न टेलीस्कोप था, न कंप्यूटर,
तब भी उन्होंने ग्रह, तारे, ध्वनि, ऊर्जा, और प्रकाश को समझा।

और फिर आए — वे वैज्ञानिक जिन्होंने
अपनी मेहनत और प्रयोगों से असंभव को संभव किया।

आज हम ऐसे 7 भारतीय वैज्ञानिकों के बारे में जानेंगे
जिन्होंने दुनिया को विज्ञान के नए रास्ते दिखाए।

1 डॉ. सी. वी. रमन (C.V. Raman) — प्रकाश का जादूगर
* खोज: रमन प्रभाव (Raman Effect)
* वर्ष: 1928
* पुरस्कार: नोबेल पुरस्कार (1930)

रमन जी एक दिन समुद्र की यात्रा कर रहे थे।
उन्होंने देखा — समुद्र नीला क्यों है?
सवाल उठाया, और प्रयोग किए।

उन्होंने पाया — जब प्रकाश किसी पारदर्शी माध्यम से गुजरता है,
तो कुछ किरणें दिशा बदलती हैं।
इसी को कहा गया "रमन प्रभाव"।

** इसका उपयोग आज लेज़र, मेडिकल स्कैन, और रासायनिक विश्लेषण में होता है।

चित्र: रमन प्रयोगशाला में नीली रोशनी पर शोध करते हुए।

** प्रेरणा:

"सवाल पूछो — समुद्र नीला क्यों है?"
यही सवाल नोबेल पुरस्कार बन सकता है!

2 जगदीश चंद्र बोस (J.C. Bose) — पौधों से बातें करने वाले वैज्ञानिक

* खोज: पौधों की संवेदनशीलता (Plant Response to Stimuli)
* वर्ष: 1900

बोस जी ने साबित किया कि पौधे भी दर्द महसूस करते हैं,
वे प्रतिक्रिया देते हैं, और संवेदनशील हैं।

उन्होंने "क्रेस्कोग्राफ" नामक यंत्र बनाया,
जिससे पौधों की वृद्धि देखी जा सकती थी।

यही सिद्धांत आज बायोलॉजी और बॉटनी की नींव है।

चित्र: बोस पौधे पर प्रयोग करते हुए।

** प्रेरणा:

"हर पेड़ भी जीवित है — बस हमें देखना सीखना है।"

3 डॉ. ए.पी.जे. अब्दुल कलाम — भारत के मिसाइल मैन IN
* योगदान: मिसाइल तकनीक, ISRO, DRDO, अग्नि-प्रोजेक्ट
* प्रमुख कार्यकाल: 1980–2000
* सम्मान: भारत रत्न

कलाम जी ने बचपन में आसमान में उड़ते पक्षियों को देखा,
और मन में ठान लिया — "एक दिन मैं भी उड़ाऊँगा!"

उन्होंने भारत के लिए रॉकेट, उपग्रह, और मिसाइलें बनाई।
और कहा —

"सपना वो नहीं जो सोते समय देखते हैं,

सपना वो है जो आपको सोने नहीं देता।"

चित्र: रॉकेट लॉन्च साइट पर मुस्कुराते कलाम जी।

** प्रेरणा:

"सोचो, करो, और देश को ऊँचा उड़ाओ!"

4 होमी जहाँगीर भाभा — भारत के परमाणु पिता
* खोज/योगदान: परमाणु ऊर्जा (Nuclear Power)
* वर्ष: 1945–1965

भाभा जी ने सोचा —
"अगर सूरज ऊर्जा देता है, तो हम क्यों नहीं दे सकते?"

उन्होंने भारत में परमाणु ऊर्जा कार्यक्रम शुरू किया।
आज हमारे देश की कई बिजली परियोजनाएँ
उसी विचार की देन हैं।

चित्र: परमाणु केंद्र के मॉडल पर काम करते हुए भाभा जी।

** प्रेरणा:

“ऊर्जा भविष्य है — और उसका रास्ता विज्ञान से जाता है।”

5 श्रीनिवास रामानुजन — संख्याओं के जादूगर
* खोज: नए गणितीय सूत्र, π (पाई), अनंत श्रेणियाँ
* जीवनकाल: 1887–1920

रामानुजन बिना किसी औपचारिक शिक्षा के
संख्याओं में ऐसे पैटर्न खोजते थे जो किसी ने देखे ही नहीं।

उन्होंने ऐसे सूत्र दिए जिनसे
आज कंप्यूटर एल्गोरिदम, क्रिप्टोग्राफी और AI गणना संभव हुई।

चित्र: हाथ में गणित की कॉपी, ध्यानमग्न रामानुजन।

प्रेरणा: “ज्ञान डिग्री से नहीं, जिज्ञासा से आता है।”

6 विक्रम साराभाई — भारत के अंतरिक्ष पिता

* योगदान: ISRO की स्थापना, उपग्रह संचार, स्पेस साइंस
* वर्ष: 1962

साराभाई जी ने कहा —

“अगर हम अंतरिक्ष को नहीं समझेंगे,
तो हम पृथ्वी को भी नहीं समझ पाएँगे।”

उनके सपने से बना ISRO, जिसने
भारत को अंतरिक्ष में आत्मनिर्भर बनाया।

चित्र: सैटेलाइट मॉडल देखते हुए साराभाई जी।

** प्रेरणा:

“आकाश ही सीमा नहीं — बस शुरुआत है।”

7 मेघनाद साहा — सूरज का वैज्ञानिक

* खोज: आयनाइजेशन सिद्धांत (Saha Ionization)
* वर्ष: 1920

उन्होंने बताया — सूरज और तारों की रोशनी में
कौन-से तत्व हैं और वे कैसे चमकते हैं।

यह खोज आज खगोल विज्ञान (Astrophysics) का आधार है।

चित्र: सूरज की किरणों का अध्ययन करते हुए साहा जी।

** प्रेरणा:

"जिसे हम दूर समझते हैं, वह भी प्रयोग से जाना जा सकता है।"

गतिविधि: "मेरा पसंदीदा वैज्ञानिक"
अपनी कॉपी में लिखिए:

- मुझे सबसे ज़्यादा कौन-से वैज्ञानिक से प्रेरणा मिली?
- उनकी खोज क्या थी?
- मैं उनसे क्या सीख सकता हूँ?

** उदाहरण:

"मुझे अब्दुल कलाम जी पसंद हैं क्योंकि उन्होंने कभी हार नहीं मानी।"

** चित्र विवरण:
* रमन नीली रोशनी के साथ प्रयोग करते हुए

* बोस पौधे की गति मापते हुए

* कलाम रॉकेट लॉन्च देखते हुए

* भाभा परमाणु मॉडल के पास

* रामानुजन सूत्र लिखते हुए

* साराभाई सैटेलाइट के साथ

* साहा सूरज का अध्ययन करते हुए

(सभी चित्र रंगीन, शिक्षाप्रद और प्रेरक होंगे)

छोटा क्विज़:

प्रश्न		उत्तर
1	रमन जी ने क्या खोजा?	रमन प्रभाव
2	पौधों की संवेदनशीलता किसने साबित की?	जे.सी. बोस

3 भारत का मिसाइल मैन कौन है? डॉ. ए.पी.जे. अब्दुल कलाम
4 ISRO की स्थापना किसने की? विक्रम साराभाई

** सारांश:

वैज्ञानिक	योगदान
रमन	प्रकाश का व्यवहार
बोस	पौधों की प्रतिक्रिया
कलाम	रॉकेट और मिसाइल
भाभा	परमाणु ऊर्जा
रामानुजन	गणितीय सूत्र
साराभाई	अंतरिक्ष विज्ञान
साहा	तारों का अध्ययन

"क्या सीखा":

भारत में विज्ञान सिर्फ किताब नहीं,
बल्कि प्रेरणा और समर्पण की परंपरा है।
हम सबके भीतर वही वैज्ञानिक छिपा है —
बस उसे जिज्ञासा और मेहनत से जगाना है।

** प्रेरक वाक्य:

"भारत की धरती पर पैदा हुआ हर बच्चा
कुछ न कुछ नया खोज सकता है —
अगर वह 'क्यों?' पूछने की हिम्मत रखे।"

अध्याय 8: सवालों से खोज तक — वैज्ञानिक विधि (Scientific Method)

सीखने का उद्देश्य:

यह समझना कि कोई भी बड़ा वैज्ञानिक खोज कैसे करता है — सवाल पूछकर, सोचकर, करके, और परिणाम देखकर।

परिचय:

विज्ञान एक यात्रा है —
जो शुरू होती है "क्यों?" से
और पहुँचती है "इसलिए" तक।

हर वैज्ञानिक खोज की जड़ में एक सवाल होता है।
जैसे —

- "गेंद नीचे क्यों गिरती है?"
- "सूरज रोज़ उगता क्यों है?"
- "गुब्बारा उड़ता क्यों है?"

इन सवालों के जवाब पाने के लिए वैज्ञानिक एक खास तरीका अपनाते हैं —

- वैज्ञानिक विधि (Scientific Method)

** वैज्ञानिक विधि के 6 चरण

चरण	नाम	क्या करना है
1	सवाल पूछो	"क्यों?", "कैसे?", "क्या होगा?"
2	अनुमान लगाओ	अपनी सोच बताओ
3	प्रयोग करो	खुद करके देखो
4	अवलोकन करो	क्या हुआ ध्यान से देखो
5	निष्कर्ष निकालो	क्या सीखा, समझो

6 साझा करो दूसरों को बताओ

प्रयोग उदाहरण 1: "बर्फ पानी में क्यों तैरती है?"

चरण 1: सवाल पूछो

जब हम पानी में बर्फ डालते हैं, तो वह डूबती क्यों नहीं?

चरण 2: अनुमान लगाओ

शायद बर्फ हल्की होती है।

चरण 3: प्रयोग करो

एक गिलास पानी में बर्फ डालिए और देखें क्या होता है।

चरण 4: अवलोकन करो

बर्फ आधी डूबी, आधी तैर रही है।

चरण 5: निष्कर्ष निकालो

बर्फ का घनत्व पानी से कम है, इसलिए वह तैरती है।

चरण 6: साझा करो

अब दोस्तों को समझाओ — "बर्फ क्यों तैरती है।"

यह है पूरी वैज्ञानिक प्रक्रिया!

प्रयोग उदाहरण 2: "क्या पौधे बिना सूरज के बढ़ सकते हैं?"

- सवाल

अगर पौधे को अंधेरे में रखें तो क्या वह बढ़ेगा?

- अनुमान

शायद हाँ, शायद नहीं।

- प्रयोग

दो पौधे लें।

एक को धूप में रखें

दूसरा अंधेरे में

- अवलोकन

कुछ दिनों बाद —
धूप वाला पौधा हरा और स्वस्थ है,
अंधेरे वाला पीला और कमजोर।

- निष्कर्ष

पौधे को प्रकाश चाहिए — यही है प्रकाश संश्लेषण (Photosynthesis)।

विज्ञान की सोच कैसे बनती है?

हर वैज्ञानिक सोचता है:

1 अगर ऐसा हो तो क्या होगा?
2 अगर यह न हो तो क्या बदलेगा?
3 क्यों हुआ?
4 अब आगे क्या करना चाहिए?

- यह "सोच – प्रयोग – निष्कर्ष" का चक्र ही वैज्ञानिक सोच कहलाता है।

** गतिविधि: "मेरा सवाल से निष्कर्ष चार्ट"
नीचे दिए टेबल को अपनी कॉपी में पूरा करें:

मेरा सवाल	मेराअनुमान	मैंने क्या किय	क्या देखा	क्या सीखा
पानी में कागज़ डूबेगा?	हाँ	डालकर देखा	ऊपर तैरा	हल्का था
हवा में धक्का देने पर क्या होगा?	हिलेगी	गुब्बारा छोड़ा	उड़ा	हवा का बल है

हर बच्चा इस टेबल को भरकर अपनी "विज्ञान यात्रा डायरी" बना सकता है।

** चित्र विवरण:

* बच्चा "क्यों?" लिखता हुआ सोच में डूबा

- गिलास में तैरती बर्फ

- धूप में हरा पौधा, अंधेरे में पीला पौधा

- वैज्ञानिक विधि का फ्लोचार्ट (सवाल → अनुमान → प्रयोग → परिणाम → निष्कर्ष)

बच्चा दोस्तों को अपना निष्कर्ष बताता हुआ

(चित्र रंगीन, शिक्षाप्रद और प्रेरक होंगे)

ध्यान दें:
विज्ञान में गलती होना बुरा नहीं,
क्योंकि हर गलती सिखाती है कि क्या नहीं करना चाहिए।

हर प्रयोग का परिणाम वैसा ही नहीं होगा जैसा आपने सोचा था — और यही सीखने की सबसे बड़ी खूबसूरती है।

छोटा क्विज़:

	प्रश्न	उत्तर
1	वैज्ञानिक विधि का पहला चरण क्या है?	सवाल पूछना
2	अनुमान क्या होता है?	हमारी सोच या अंदाज़ा
3	प्रयोग का उद्देश्य क्या है?	अनुमान को परखना
4	अगर परिणाम अलग आए तो क्या करें?	कारण समझें, दोबारा कोशिश करें

** सारांश:

चरण	सीख
सवाल	खोज की शुरुआत
अनुमान	सोचने की कला
प्रयोग	करके देखना
अवलोकन	ध्यान से देखना
निष्कर्ष	सीख निकालना
साझा	ज्ञान बाँटना

"क्या सीखा":

हर खोज एक सवाल से शुरू होती है।
हर वैज्ञानिक एक जिज्ञासु मन से बनता है।
और हर गलती एक नए प्रयोग का रास्ता खोलती है।

** प्रेरक वाक्य:

"विज्ञान उत्तर नहीं देता,
वह सिखाता है — उत्तर कैसे खोजें।"

अध्याय 9: हवा के खेल — वायु का जादू

सीखने का उद्देश्य:
यह समझना कि हवा दिखती नहीं है,
लेकिन उसका वजन, दाब और बल हमें हर जगह महसूस होता है।

परिचय:
क्या आपने कभी सोचा है?

गुब्बारा क्यों फूलता है?

हवाई जहाज कैसे उड़ता है?

तूफ़ान में पेड़ क्यों गिर जाते हैं?

यह सब हवा की वजह से होता है।
हवा अदृश्य है, लेकिन उसमें ताकत और रहस्य छिपा है।

आज हम कुछ आसान प्रयोगों से हवा का जादू जानेंगे।

प्रयोग 1: “हवा का वजन भी होता है!”
सामग्री:
2 गुब्बारे

1 लकड़ी की छड़ी

धागा

करें:
दोनों गुब्बारों को फुलाइए और छड़ी के दोनों सिरों पर बाँधिए।

छड़ी को बीच से टाँग दीजिए।

दोनों गुब्बारे बराबर लगेंगे।

अब एक गुब्बारा फोड़ दीजिए।

- देखें — छड़ी उस ओर झुक जाएगी जहाँ गुब्बारा है।

** क्यों?
क्योंकि हवा का भी वजन होता है।
भरा हुआ गुब्बारा भारी होता है।

प्रयोग 2: "पानी नहीं गिरा — हवा ने थामा!"
सामग्री:
एक गिलास पानी

एक कार्ड (जैसे मोटा कागज़)

करें:
गिलास को पानी से भरें।

कार्ड ऊपर रखकर गिलास को उल्टा करें।

हाथ छोड़ें — पानी नहीं गिरेगा!

- क्यों?

क्योंकि हवा का दबाव (Air Pressure) कार्ड को ऊपर धकेलता है।

प्रयोग 3: "झुकी हुई बोतल"
सामग्री:
खाली प्लास्टिक बोतल

पानी

एक स्ट्रॉ

करें:
बोतल को थोड़ा पानी से भरें।

स्ट्रॉ को बोतल में डालें और मुँह को हाथ से बंद कर दें।

अब बोतल को झुकाइए — पानी बाहर नहीं निकलेगा।

- **क्यों?**

क्योंकि हवा बोतल के अंदर नहीं जा पाती।
हवा का दबाव पानी को रोकता है।

प्रयोग 4: "हवा का रॉकेट"

सामग्री:
1 गुब्बारा

1 लंबा धागा

1 स्ट्रॉ

करें:
धागे में स्ट्रॉ पिरो लें और उसे दोनों ओर बाँध दें।

गुब्बारे को फुलाकर स्ट्रॉ से चिपकाएँ।

गुब्बारे को छोड़ दें।

*** गुब्बारा स्ट्रॉ के साथ दौड़ेगा जैसे रॉकेट!**

- **क्यों?**

गुब्बारे से हवा पीछे निकली,
और न्यूटन का तीसरा नियम काम किया —

"हर क्रिया के बराबर और विपरीत प्रतिक्रिया होती है।"

प्रयोग 5: "हवा का भंवर"

सामग्री:

2 प्लास्टिक बोतलें

टेप

पानी

करें:

एक बोतल में आधा पानी भरें।

दूसरी बोतल को उल्टी करके ऊपर टेप से जोड़ें।

बोतल घुमाइए और देखें — पानी नीचे भंवर (tornado) बनाता हुआ गिरता है।

- क्यों?

घूमने से पानी हवा के साथ घूमता है और भंवर (Vortex) बनता है।

** सोचिए और बताइए:

1 अगर हवा न हो, तो गुब्बारा फूलेगा क्या?

2 क्या अंतरिक्ष में कार्ड पानी को रोक पाएगा?

3 हवाई जहाज कैसे उड़ता है?

- इशारा: यह सब हवा के दाब और प्रवाह पर निर्भर करता है।

गतिविधि: "मेरा हवा चार्ट"

प्रयोग	क्या देखा	क्या सीखा
गुब्बारा वजन	गुब्बारा भारी	हवा का वजन है
कार्ड और पानी	पानी नहीं गिरा	हवा का दबाव है
हवा का रॉकेट	गुब्बारा दौड़ा	न्यूटन का नियम
भंवर बोतल	पानी घूमता गिरा	हवा प्रवाह बनाती है

** चित्र विवरण:

* दो गुब्बारों का संतुलन, एक फूटने पर झुकती छड़ी

- उल्टा गिलास और कार्ड
- स्ट्रॉ वाली बोतल से न गिरता पानी
- धागे पर दौड़ता गुब्बारा रॉकेट
- बोतलों में बनता भंवर

छोटा क्विज़:

प्रश्न	उत्तर
1 हवा का वजन होता है या नहीं?	हाँ
2 कार्ड पानी क्यों थाम लेता है?	वायुदाब से
3 गुब्बारा रॉकेट कैसे दौड़ा?	न्यूटन का नियम
4 बोतल में भंवर क्यों बना?	हवा और पानी का प्रवाह

** सारांश:

विषय	सीख
हवा	दिखती नहीं, लेकिन वजन रखती है
दबाव	चीज़ों को थाम सकता है
बल	हवा पीछे जाएगी तो वस्तु आगे बढ़ेगी

भंवर घूमने से बनता है

"क्या सीखा":

हवा अदृश्य है,
लेकिन वही हमें जीवन, उड़ान और ऊर्जा देती है।
उसका जादू हर जगह है —
बस हमें देखना और समझना आना चाहिए।

प्रेरक वाक्य:

"हवा को भले न देख सको,
लेकिन उसका असर हर जगह महसूस कर सकते हो।"

अध्याय 10: पानी के खेल — जल का विज्ञान

सीखने का उद्देश्य:
समझना कि पानी सिर्फ पीने के लिए नहीं है,
बल्कि उसमें छिपे हैं विज्ञान के अद्भुत रहस्य —
जैसे तैरना, भाप बनना, घनत्व, और ऊर्जा।

परिचय:
पानी हमारे जीवन का आधार है।
लेकिन क्या आप जानते हैं?

क्यों नाव तैरती है

क्यों बर्फ पानी पर तैरती है

क्यों समुद्र का पानी खारा है

क्यों पानी भाप बनकर बादल बनाता है

यह सब है पानी का विज्ञान!
आइए कुछ मज़ेदार प्रयोगों से इसे समझते हैं।

प्रयोग 1: "पानी की परतें"
सामग्री:
3 गिलास

पानी

नमक

खाने का रंग

करें:

पहले गिलास में सादा पानी रखिए।

दूसरे में नमक डालकर हिलाइए।

दोनों में अलग-अलग रंग डाल दीजिए।

अब धीरे-धीरे दोनों को एक गिलास में डालें।

देखिए — पानी की अलग-अलग परतें बन गईं!

क्यों?
क्योंकि नमक वाला पानी भारी (घनत्व अधिक) होता है और नीचे बैठ जाता है।

प्रयोग 2: “क्यों तैरती है नाव?”

सामग्री:
एक पानी से भरा टब

एल्युमिनियम फॉयल

करें:
फॉयल को गोल मोड़कर पानी में डालें।

- डूब जाएगी।

अब फॉयल को नाव की शक्ल में बनाइए।

- तैर जाएगी!

क्यों?
क्योंकि आकार बदलने से पानी पर दबाव (उत्प्लावन बल) बदल जाता है।
नाव ज्यादा पानी हटाती है और इसलिए तैरती है।

प्रयोग 3: “भाप कैसे बनती है?”

सामग्री:

एक बर्तन

पानी

गैस (बड़ों की मदद से)

करें:
बर्तन में पानी गर्म करें।

देखें — पहले छोटे-छोटे बुलबुले, फिर भाप निकलती है।

क्यों?
जब पानी को पर्याप्त गर्मी मिलती है,
तो वह तरल से गैस (भाप) में बदल जाता है।

- यही है वाष्पन (Evaporation) और उबालना (Boiling)।

प्रयोग 4: "उल्टा गिलास और पानी"

सामग्री:
1 गिलास

पानी

कार्ड (मोटा कागज़)

करें:
गिलास को आधा पानी से भरें।

कार्ड ऊपर रखकर गिलास को उल्टा करें।

कार्ड नहीं गिरेगा और पानी वहीं रहेगा!

क्यों?
हवा का दबाव नीचे से कार्ड को थामे रहता है।

प्रयोग 5: "पानी से ऊर्जा"

सामग्री:
प्लास्टिक की बोतल

पाइप/स्ट्रॉ

पानी

करें:
बोतल में पानी भरें।

नीचे छोटे-छोटे छेद कर दें।

पानी निकलते समय देखें — बोतल घूमने लगेगी।

क्यों?

पानी का बहाव गति ऊर्जा (Kinetic Energy) पैदा करता है।

- **यही सिद्धांत जल-चक्की और पनबिजली घर में काम करता है।**

**** सोचिए और बताइए:**
1 क्यों समुद्र का पानी खारा होता है?
2 बारिश का पानी मीठा क्यों होता है?
3 नाव लकड़ी की हो या लोहा की — दोनों क्यों तैर सकती हैं?

गतिविधि: "मेरा पानी विज्ञान चार्ट"

प्रयोग	क्या देखा	क्या सीखा
पानी की परतें	रंग अलग रहे	घनत्व का फर्क
नाव	आकार बदला तो तैरी	उत्प्लावन बल
भाप	पानी गायब, बादल बने	वाष्पन
बोतल घूमी	पानी से बल मिला	जल ऊर्जा

**** चित्र विवरण:**
*** परतदार रंगीन पानी**

- फॉयल से बनी नाव तैरती हुई
- बर्तन से निकलती भाप
- उल्टा गिलास और कार्ड
- पानी से घूमती बोतल

(चित्र रंगीन, शिक्षाप्रद और बच्चों के अनुकूल होंगे)

छोटा क्विज़:

	प्रश्न	उत्तर
1	नमक वाला पानी कहाँ जाएगा?	नीचे
2	नाव क्यों तैरती है?	उत्प्लावन बल से
3	भाप बनने की प्रक्रिया क्या कहलाती है?	वाष्पन/उबालना
4	पानी से बिजली कैसे बनती है?	बहाव से टरबाइन घुमाकर

** सारांश:

विषय	सीख
घनत्व	पानी में परतें बनाता है
उत्प्लावन बल	नाव को तैराता है
वाष्पन पानी को	भाप में बदलता है
वायुदाब	पानी को रोकता है
जल ऊर्जा	बिजली पैदा कर सकती है

"क्या सीखा":

पानी जीवन भी है,
और विज्ञान की सबसे अद्भुत प्रयोगशाला भी।
उसमें तैरना, बहना, बदलना और ऊर्जा देना —
सब कुछ विज्ञान का कमाल है।

** प्रेरक वाक्य:

"पानी सिर्फ जीवन नहीं देता,
वह हमें विज्ञान के राज भी सिखाता है।" 💧✨

अध्याय 11: प्रकाश का जादू — रोशनी के खेल

सीखने का उद्देश्य:
यह समझना कि प्रकाश (Light) कैसे काम करता है —
वह कैसे परावर्तित (Reflect), अपवर्तित (Refract), और विभक्त (Disperse) होता है,
जिससे बनता है इंद्रधनुष, छाया, और आईना।

परिचय:
क्या आपने कभी सोचा है —

- आईने में चेहरा कैसे दिखता है?
- इंद्रधनुष में सात रंग क्यों होते हैं?
- सूरज की रोशनी से परछाई क्यों बनती है?

इन सब सवालों का जवाब है — प्रकाश का जादू!
प्रकाश सिर्फ उजाला नहीं देता,
बल्कि हमें दुनिया को देखने और समझने की शक्ति भी देता है।

** प्रकाश की खास बातें:
1 प्रकाश सीधी रेखा में चलता है।
2 जब किसी सतह से टकराता है, तो लौटता है — इसे परावर्तन (Reflection) कहते हैं।
3 जब किसी पारदर्शी चीज़ से गुजरता है, तो मुड़ जाता है — इसे अपवर्तन (Refraction) कहते हैं।
4 सफेद प्रकाश कई रंगों से मिलकर बना है — इसे विभाजन (Dispersion) कहते हैं।

प्रयोग 1: “आईने में चेहरा”
सामग्री:
एक छोटा दर्पण (Mirror)

टॉर्च या सूरज की किरण

करें:
आईने को सूरज की रोशनी में रखें।

देखें — किरणें दूसरे दीवार पर चमकती हैं।

क्यों?
क्योंकि प्रकाश सतह से लौटता है — यही परावर्तन है।

चित्र: बच्चा आईना घुमाकर दीवार पर रोशनी डाल रहा है।

प्रयोग 2: “टेढ़ी पेंसिल”
सामग्री:
एक पारदर्शी गिलास

पानी

पेंसिल

करें:
गिलास में पानी भरिए।

उसमें पेंसिल डालिए।

देखें — पेंसिल मुड़ी हुई दिखती है।

क्यों?
पानी से गुजरते समय प्रकाश मुड़ जाता है —
इसे कहते हैं अपवर्तन (Refraction)।

चित्र: गिलास में झुकी दिखती पेंसिल।

प्रयोग 3: “अपना इंद्रधनुष बनाओ”
सामग्री:

एक काँच का प्रिज़्म (या पानी से भरा गिलास)

सफेद दीवार

सूरज की रोशनी

करें:
प्रिज़्म को रोशनी के सामने रखिए।

दीवार पर देखें — सात रंगों की धारियाँ बनती हैं।

क्यों?
सफेद प्रकाश जब प्रिज़्म से गुजरता है,
तो वह सात रंगों में बँट जाता है —
लाल, नारंगी, पीला, हरा, नीला, जामुनी, बैंगनी।

- यही है विभाजन (Dispersion)।

चित्र: दीवार पर बनता रंगीन इंद्रधनुष।

प्रयोग 4: "छाया का खेल"
सामग्री:
टॉर्च

खिलौना या वस्तु

सफेद कागज़

करें:
वस्तु को टॉर्च के सामने रखें।

पीछे दीवार या कागज़ पर देखें — उसकी छाया बनेगी।

क्यों?

प्रकाश सीधी रेखा में चलता है।
जहाँ प्रकाश रुकता है, वहाँ छाया बनती है।

चित्र: बच्चा टॉर्च से खिलौने की छाया देखता हुआ।

प्रयोग 5: "सूरज की घड़ी"

सामग्री:
एक डंडा

मिट्टी या थर्माकोल

मार्कर

करें:
डंडा सीधा गाड़ दीजिए।

हर घंटे उसकी छाया की दिशा मार्क करें।

क्यों?

जैसे-जैसे सूरज की दिशा बदलती है,
छाया की लंबाई और दिशा भी बदलती है।

- इसी सिद्धांत से बनी थी पुरानी धूप घड़ी (Sundial)।

चित्र: डंडे के पास गोल निशान — सूरज की घड़ी।

** सोचिए और बताइए:
1 अगर प्रकाश न हो तो क्या हम कुछ देख पाएँगे?
2 इंद्रधनुष बारिश के बाद ही क्यों दिखता है?
3 आईने में चेहरा उल्टा क्यों दिखता है?

गतिविधि: "मेरा प्रकाश चार्ट"

प्रयोग	क्या देखा	क्या सीखा
आईना	रोशनी लौटी	परावर्तन
पानी में पेंसिल	टेढ़ी दिखी	अपवर्तन

प्रिज़्म	सात रंग दिखे	विभाजन
टॉर्च और खिलौना	छाया बनी	प्रकाश सीधा चलता है

** चित्र विवरण:

* दीवार पर चमकती आईना किरण

- पानी में झुकी हुई पेंसिल
- दीवार पर बना रंगीन इंद्रधनुष
- खिलौने की छाया दीवार पर
- सूरज की घड़ी में बदलती छाया

(चित्र रंगीन, शिक्षाप्रद और प्रयोगात्मक होंगे)

छोटा क्विज़:

	प्रश्न	उत्तर
1	आईने में चेहरा क्यों दिखता है?	परावर्तन से
2	पेंसिल मुड़ी क्यों दिखती है?	अपवर्तन से
3	इंद्रधनुष कैसे बनता है?	प्रकाश का विभाजन
4	छाया क्यों बनती है?	प्रकाश रुकने से

सारांश:

विषय	सीख
परावर्तन	प्रकाश का लौटना
अपवर्तन	प्रकाश का मुड़ना
विभाजन	प्रकाश का रंगों में बँटना
छाया	प्रकाश का अवरोध

"क्या सीखा":

प्रकाश सिर्फ रोशनी नहीं —
वह हमें देखना, सोचना और समझना सिखाता है।
हर किरण में एक रंग, हर छाया में एक विज्ञान छिपा है।

* प्रेरक वाक्य:

"प्रकाश सिखाता है —
जहाँ रोशनी नहीं पहुँचती, वहाँ ज्ञान भी नहीं होता।"

अध्याय 12: चुंबक का कमाल — आकर्षण का विज्ञान

सीखने का उद्देश्य:

समझना कि चुंबक (Magnet) क्या होता है,
वह किन वस्तुओं को आकर्षित करता है,
और चुंबकीय बल (Magnetic Force) कैसे काम करता है।

परिचय:
क्या आपने देखा है —
कभी लोहे की चीज़ें अपने आप चुंबक से चिपक जाती हैं,
या कंपास की सुई हमेशा उत्तर की ओर रहती है? ●

- यह है चुंबक का जादू!

चुंबक अदृश्य बल से चीज़ों को खींचता या धकेलता है।
यह बल हमारे चारों ओर मौजूद है —
कंपास में, स्पीकर में, मोबाइल में, और यहाँ तक कि धरती में भी! ●

** चुंबक के बारे में जानिए:
1 चुंबक लोहे, निकेल, कोबाल्ट जैसी धातुओं को आकर्षित करता है।
2 चुंबक के दो ध्रुव होते हैं — उत्तर (North) और दक्षिण (South)।
3 समान ध्रुव एक-दूसरे को धकेलते (Repel) हैं।
4 विपरीत ध्रुव एक-दूसरे को खींचते (Attract) हैं।

प्रयोग 1: "क्या चुंबक हर चीज़ को खींचता है?"

सामग्री:
चुंबक

लोहे की कील

रबर

सिक्का

लकड़ी

पेपर क्लिप

करें:
चुंबक को हर वस्तु के पास ले जाएँ।

देखें कौन-सी चीज़ें चिपकती हैं, कौन-सी नहीं।

** क्यों?
चुंबक सिर्फ लौह-धातु (Magnetic metals) को खींचता है।

चित्र: बच्चा चुंबक से विभिन्न वस्तुएँ परखता हुआ।

प्रयोग 2: "चुंबक के ध्रुव"
सामग्री:
एक चुंबक

सूत का धागा

करें:
चुंबक को धागे से बाँधकर हवा में लटकाइए।

देखें — वह हमेशा एक दिशा में रुक जाएगा।

क्यों?
यह दिशा उत्तर-दक्षिण (North-South) होती है।
धरती खुद एक विशाल चुंबक है!

चित्र: चुंबक उत्तर दिशा दिखाता हुआ।

प्रयोग 3: "चुंबकीय मछली पकड़ो!"
सामग्री:
चुंबक

धागा

पेपर क्लिप

रंगीन कागज़ (मछली आकार में काटा हुआ)

करें:
मछलियों के ऊपर पेपर क्लिप लगाइए।

चुंबक को धागे से बाँधिए — जैसे कांटा।

चुंबक को मछली के पास ले जाएँ —

- मछली चुंबक से चिपक जाएगी!
- यह दिखाता है कि चुंबक दूर से भी बल (Force) लगा सकता है।

चित्र: बच्चा चुंबक से कागज़ी मछलियाँ पकड़ता हुआ।

प्रयोग 4: "चुंबक से चलती कार"

सामग्री:
कार्डबोर्ड

2 छोटे चुंबक

4 बटन (पहिए)

करें:
कार्डबोर्ड से कार बनाइए।

एक चुंबक कार के पीछे लगाइए।

दूसरा चुंबक हाथ में लेकर पीछे से लाएँ —

- कार आगे बढ़ेगी!

क्यों?

विपरीत ध्रुव खींचते हैं,
इसलिए कार आगे चलती है।

चित्र: चुंबक से चलती छोटी खिलौना कार।

प्रयोग 5: "चुंबक की ताकत नापो"

सामग्री:
चुंबक

पेपर क्लिप्स

करें:
चुंबक से पेपर क्लिप्स उठाइए।

गिनिए — कितने क्लिप चुंबक उठा सकता है।

- इससे आप जानेंगे कि चुंबकीय बल की ताकत कितनी है।

** सोचिए और बताइए:
1 क्या चुंबक काँच के आर-पार असर करता है?
2 अगर दो चुंबक एक-दूसरे की ओर रखें, तो क्या होगा?
3 क्या चुंबक को गर्म करने पर उसकी शक्ति कम होती है?

गतिविधि: "मेरा चुंबक चार्ट"

प्रयोग	क्या देखा	क्या सीखा
धातु की चीज़ें	कुछ चिपकीं, कुछ नहीं	चुंबक सिर्फ धातु खींचता है
धागे वाला चुंबक	उत्तर दिशा में रुका	धरती चुंबकीय है
चुंबक से मछली	दूर से आकर्षण	चुंबकीय बल
चुंबक से कार	कार आगे बढ़ी	विपरीत ध्रुव आकर्षित करते हैं

** चित्र विवरण:
* चुंबक से कीलें और क्लिप्स चिपकती हुई

- धागे में लटका चुंबक उत्तर दिशा दिखाता हुआ
- चुंबक से पकड़ी जाती कागज़ी मछलियाँ
- चुंबक से आगे बढ़ती खिलौना कार
- चुंबक कई क्लिप्स उठाता हुआ

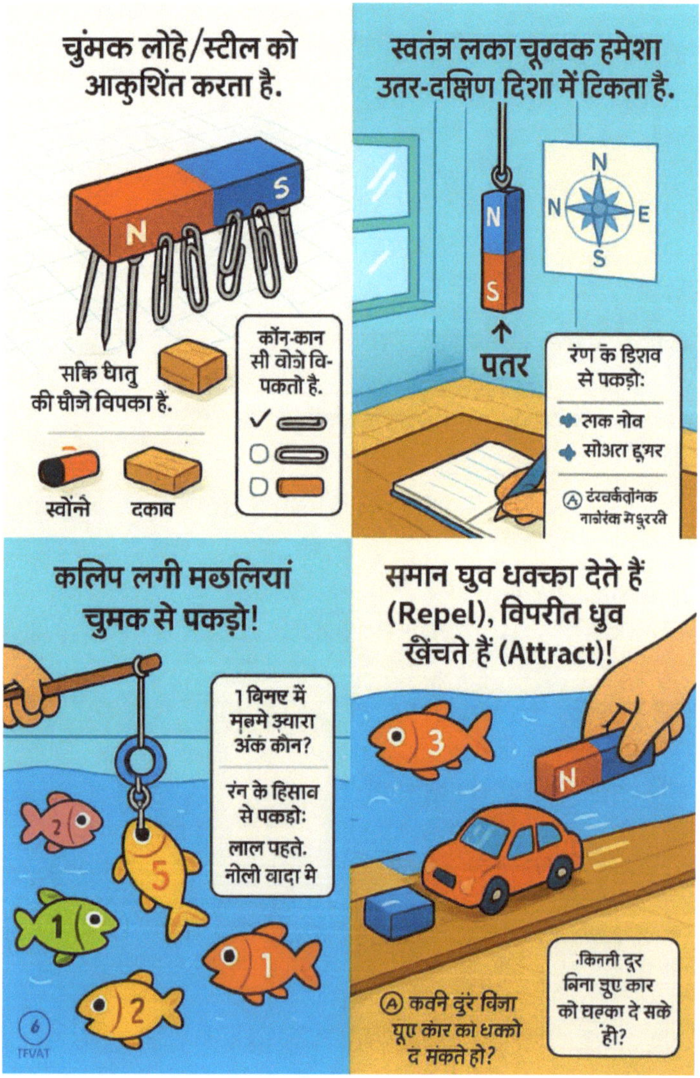

छोटा क्विज़:

	प्रश्न	उत्तर
1	चुंबक किन चीज़ों को खींचता है?	लोहे, निकेल, कोबाल्ट
2	समान ध्रुव क्या करते हैं?	धकेलते हैं
3	धरती किस दिशा की ओर चुंबक को खींचती है?	उत्तर-दक्षिण
4	चुंबक की शक्ति कैसे जाँची जा सकती है?	जितनी चीज़ें उठाए

****सारांश:**

विषय	सीख
चुंबक	एक बल उत्पन्न करने वाली वस्तु
ध्रुव	उत्तर-दक्षिण दिशा तय करते हैं
आकर्षण	विपरीत ध्रुवों में होता है
बल	बिना छुए भी असर करता है

"क्या सीखा":

चुंबक हमें सिखाता है कि
असली ताकत दिखाई नहीं देती —
वह महसूस होती है।
जैसे चुंबक का बल, वैसे ही ज्ञान का आकर्षण।

**** प्रेरक वाक्य:**

"चुंबक की तरह बनो —
जहाँ जाओ, ज्ञान को अपनी ओर खींचो।"

अध्याय 13: बिजली का जादू — इलेक्ट्रिक प्रयोगों की दुनिया

सीखने का उद्देश्य:

यह समझना कि बिजली (Electricity) क्या है,
वह कैसे बहती है,
और कैसे बल्ब जलाती, मोटर चलाती और ऊर्जा पैदा करती है।

परिचय:

बिजली हमारे चारों ओर हर जगह है ⚡
— पंखा, टॉर्च, मोबाइल, टी.वी., सब बिजली से चलते हैं।

लेकिन क्या आपने कभी सोचा —

- बल्ब कैसे जलता है?
- बैटरी से करंट कैसे बहता है?
- मोटर कैसे घूमती है?

इसका जवाब है — सर्किट (Circuit)

जब बिजली का रास्ता पूरा होता है,
तब ही ऊर्जा एक जगह से दूसरी जगह बहती है।

- याद रखें:

बिजली को देख नहीं सकते,
लेकिन उसके असर को महसूस कर सकते हैं।

- सावधानी:

हमेशा प्रयोग में बैटरी (1.5V, 9V) ही प्रयोग करें।
कभी भी घर के प्लग या वायर से प्रयोग न करें।
पानी और बिजली को कभी साथ न रखें।

प्रयोग 1: "बल्ब कैसे जलता है?"

सामग्री:

1 बैटरी (1.5V या 9V)

2 तार

1 छोटा बल्ब

करें:
एक तार बैटरी के "+" सिरे से बल्ब के नीचे जोड़ें।

दूसरा तार बैटरी के "–" सिरे से बल्ब के किनारे जोड़ें।

देखें — बल्ब जल उठेगा!

क्यों?
क्योंकि अब बिजली का रास्ता पूरा (Closed Circuit) हो गया।
बिजली बैटरी से होकर बल्ब तक गई और लौटी —
इससे बल्ब चमक उठा।

चित्र: बच्चा बल्ब और बैटरी जोड़कर जलाता हुआ।

प्रयोग 2: "सर्किट टूटा तो क्या हुआ?"
करें:
ऊपर वाले सर्किट में एक तार निकाल दीजिए।

देखें — बल्ब बुझ गया।

क्यों?
क्योंकि सर्किट टूट गया।
बिजली तभी बहती है जब पूरा रास्ता जुड़ा हो।

चित्र: खुला और बंद सर्किट का तुलना चित्र।

प्रयोग 3: "चुंबक से बिजली!"
सामग्री:

एक छोटा चुंबक

तांबे का तार (Copper Wire)

LED बल्ब

करें:
तार को चुंबक के चारों ओर लपेटें।

LED बल्ब को तार के सिरों से जोड़ें।

चुंबक को अंदर-बाहर हिलाएँ।

देखें — LED हल्की चमकेगी!

- यह है विद्युत-चुंबकीय प्रेरण (Electromagnetic Induction) —

यानी चुंबक से बिजली बनना।

चित्र: तार के कुंडल में चुंबक हिलता हुआ, LED जलती हुई।

प्रयोग 4: "कंडक्टर और इंसुलेटर"

सामग्री:
बैटरी

बल्ब

तार

लकड़ी, धातु, प्लास्टिक, काँच आदि वस्तुएँ

करें:
सर्किट पूरा करें।

बीच में विभिन्न वस्तुएँ लगाएँ।

देखें —
बल्ब धातु पर जलता है,
लकड़ी या प्लास्टिक पर नहीं।

- जो चीज़ें बिजली बहने देती हैं उन्हें कहते हैं संचालक (Conductor),

और जो नहीं देतीं उन्हें रोधक (Insulator)।

चित्र: बच्चा विभिन्न वस्तुओं से सर्किट परखता हुआ।

प्रयोग 5: "टॉर्च का रहस्य"

सामग्री:
बैटरी

बल्ब

एल्यूमिनियम फॉइल

करें:
बैटरी के दोनों सिरों को फॉइल से बल्ब से जोड़िए।

बल्ब जलेगा —

- यही है टॉर्च का आधार सिद्धांत।

क्यों?
टॉर्च में यही छोटा सर्किट काम करता है —
बैटरी + तार + बल्ब = रोशनी।

**अतिरिक्त जानकारी:
* बिजली के दो प्रकार होते हैं:
1 स्थिर बिजली (Static Electricity) — रगड़ने से बनती है (जैसे गुब्बारा दीवार से चिपकता है)।

2 प्रवाहकीय बिजली (Current Electricity) — तारों से बहती है।

- धरती भी बिजली का स्रोत है, इसलिए बिजली गिरने पर पेड़ या धातु के पास न जाएँ।

गतिविधि: “मेरा बिजली चार्ट”

प्रयोग	क्या देखा	क्या सीखा
बल्ब जला	पूरा सर्किट	बिजली प्रवाहित हुई
तार निकाला	बल्ब बुझा	सर्किट टूटा
चुंबक से LED	रोशनी बनी	चुंबकीय ऊर्जा से बिजली
वस्तुएँ	धातु पर बल्ब जला	संचालक-रोधक

** चित्र विवरण:
* बैटरी से जुड़ा जलता बल्ब

- खुला और बंद सर्किट
- चुंबक और तार से LED जलती हुई
- बच्चा कंडक्टर-इंसुलेटर परखता हुआ
- टॉर्च का सर्किट आरेख

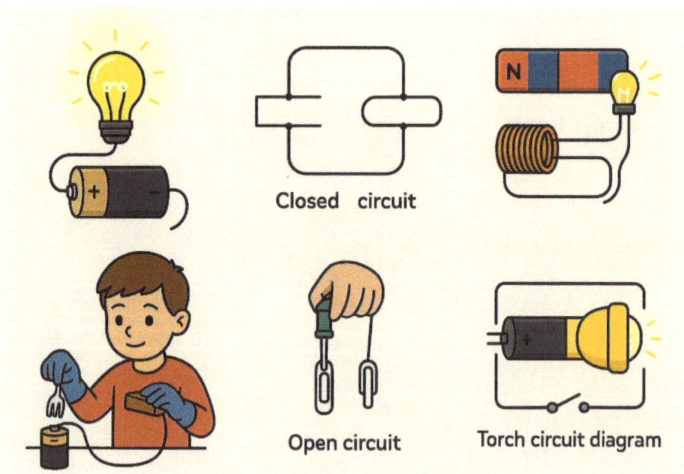

छोटा क्विज़:

	प्रश्न	उत्तर
1	बल्ब क्यों जलता है?	सर्किट पूरा होने से
2	बिजली का प्रवाह क्या कहलाता है?	धारा (Current)
3	कौन बिजली बहने नहीं देता?	इंसुलेटर
4	चुंबक से बिजली बनने की प्रक्रिया क्या है?	प्रेरण

सारांश:

विषय	सीख
सर्किट	बिजली का रास्ता
संचालक	बिजली बहाते हैं
रोधक	बिजली रोकते हैं
प्रेरण	चुंबक से बिजली बनती है

"क्या सीखा":

बिजली हमें दिखाती है —
ऊर्जा कभी खत्म नहीं होती,
वह बस एक रूप से दूसरे रूप में बदलती रहती है।

प्रेरक वाक्य:

"बिजली की तरह बनो —
जहाँ जाओ, वहाँ रोशनी फैलाओ।"

अध्याय 14: ध्वनि का विज्ञान — आवाज़ के रहस्य

सीखने का उद्देश्य:
यह समझना कि ध्वनि (Sound) क्या है,
वह कैसे बनती है, कैसे चलती है,
और क्यों हम उसे सुन पाते हैं।

परिचय:
क्या आपने कभी सोचा है —

घंटी बजाने पर आवाज़ कैसे आती है

गिटार या ढोल की थाप कैसे सुनाई देती है

गूँज (Echo) क्यों होती है?

इसका जवाब है — कंपन (Vibration)।
हर आवाज़ की शुरुआत होती है कंपन से।

- "जहाँ कंपन होता है, वहाँ ध्वनि होती है।"

** ध्वनि की खास बातें:
1 ध्वनि कंपन से उत्पन्न होती है।
2 ध्वनि माध्यम (Medium) में चलती है — जैसे हवा, पानी या ठोस।
3 ध्वनि रिक्त स्थान (Vacuum) में नहीं चल सकती।
4 ध्वनि की तरंगें हमारे कानों तक पहुँचती हैं — जिससे हम सुनते हैं।

प्रयोग 1: "ध्वनि कंपन से बनती है"
सामग्री:
एक रबर बैंड

एक खाली डिब्बा

करें:
डिब्बे पर रबर बैंड कसकर बाँधिए।

अब उसे उँगली से खींचकर छोड़ें।

- सुनिए — आवाज़ आई!

क्यों?
रबर बैंड कंपित (Vibrate) हुआ,
और हवा में तरंगें भेजीं — जिससे ध्वनि बनी।

चित्र: बच्चा रबर बैंड बजाते हुए।

प्रयोग 2: "ध्वनि देखो!"
सामग्री:
एक खाली कटोरी

प्लास्टिक कवर (या गुब्बारे का टुकड़ा)

थोड़े चावल के दाने

करें:
कटोरी के ऊपर गुब्बारा कसकर बाँधें।

ऊपर चावल के कुछ दाने रखें।

पास में तालियाँ बजाएँ

देखें — चावल कूदने लगते हैं!

क्यों?
तालियों की ध्वनि तरंगें हवा में फैलीं,

और गुब्बारा कंपित हुआ।

- यही कंपन ध्वनि का प्रमाण है।

चित्र: तालियाँ बजाते बच्चे और उछलते दाने।

प्रयोग 3: "गूँज का रहस्य"
सामग्री:
एक खाली कमरा या पहाड़ी इलाका

करें:
ज़ोर से बोलिए — "हैलो!"

कुछ देर बाद वही आवाज़ वापस सुनाई देगी।

क्यों?
ध्वनि दीवार या पहाड़ से टकराकर लौटती है।
इसे कहते हैं प्रतिध्वनि (Echo)।

चित्र: बच्चा "हैलो" बोलता हुआ, आवाज़ लौटती हुई।

प्रयोग 4: "ध्वनि का रास्ता"
सामग्री:
2 पेपर कप

धागा

करें:
दोनों कपों के बीच एक धागा बाँधें।

एक में बोलिए, दूसरे में सुनिए।

- आवाज़ पहुँचती है!

क्यों?

ध्वनि तरंगें धागे में कंपन के रूप में चलती हैं।

- **यही सिद्धांत टेलीफोन का आधार है।**

चित्र: दो बच्चे कप-टेलीफोन से बात करते हुए।

प्रयोग 5: "पानी में आवाज़"

सामग्री:
एक धातु का चम्मच

धागा

दो कान

करें:
धागे में चम्मच बाँधिए।

धागे के दोनों सिरों को कानों से लगाकर चम्मच टकराएँ।

- **सुनिए — घंटी जैसी आवाज़ आती है!**
- **पानी, धातु या ठोस में ध्वनि तेज़ चलती है।**

**** चित्र: बच्चा धागे से चम्मच बजाता हुआ।**

**** सोचिए और बताइए:**
1 अंतरिक्ष में आवाज़ क्यों नहीं जाती?
2 क्या हम ध्वनि को देख सकते हैं?
3 कौन-सी चीज़ें ध्वनि को रोकती हैं?

- **इशारा: बिना हवा के कंपन नहीं फैल सकते।**

गतिविधि: "मेरा ध्वनि चार्ट"

प्रयोग	क्या देखा	क्या सीखा
रबर बैंड	आवाज़ आई	कंपन से ध्वनि
तालियाँ और दाने	दाने हिले	तरंगें दिखीं
गूँज	आवाज़ लौटी	प्रतिध्वनि
कप टेलीफोन	आवाज़ पहुँची	कंपन धागे से
चम्मच	तेज़ घंटी	ठोस में ध्वनि तेज़

** चित्र विवरण:

* रबर बैंड बजाकर ध्वनि बनाना

- तालियों से उछलते चावल
- बच्चा पहाड़ से "हैलो" सुनता हुआ
- कप-टेलीफोन से बात करते बच्चे
- धागे से बजती घंटी जैसी ध्वनि

Making sound with rubber bands
Rice jumping from clapping
Hearing an echo
Talking on a cup telephone
Bell-like sound from string

छोटा क्विज़:

	प्रश्न	उत्तर
1	ध्वनि कैसे बनती है?	कंपन से
2	गूँज क्यों होती है?	ध्वनि लौटने से
3	किस माध्यम में ध्वनि सबसे तेज़ चलती है?	ठोस में

4 ध्वनि को फैलने के लिए क्या चाहिए? माध्यम

सारांश:

विषय	सीख
कंपन	ध्वनि का कारण
माध्यम	ध्वनि को फैलाता है
प्रतिध्वनि	ध्वनि की वापसी
ठोस	ध्वनि तेज़ चलती है

"क्या सीखा":

आवाज़ सिर्फ सुनाई नहीं देती,
वह हमें बताती है —
हर चीज़ के पीछे एक कंपन,
एक लय, और एक ताल है।

** प्रेरक वाक्य:

"हर वैज्ञानिक एक संगीतकार की तरह होता है —
जो दुनिया के हर कंपन में अर्थ ढूँढ़ता है।"

अध्याय 15: ताप और ऊष्मा — गर्मी का विज्ञान

सीखने का उद्देश्य:

यह समझना कि ऊष्मा (Heat) क्या है,
वह कैसे फैलती है,
और कैसे हमें चीज़ों को गर्म या ठंडा महसूस कराती है।

परिचय:

क्या आपने कभी सोचा है —

- सूरज से हमें गर्मी क्यों महसूस होती है?
- खाना पकाते समय बर्तन गरम क्यों होता है?
- ऊन की स्वेटर ठंड में गर्म क्यों रखती है?

- इसका जवाब है — ऊष्मा का प्रवाह (Heat Transfer)।

ऊष्मा वह ऊर्जा है जो गरम वस्तु से ठंडी वस्तु की ओर बहती है।
जब तक दोनों वस्तुएँ एक समान तापमान पर न पहुँच जाएँ,
गर्मी का आदान-प्रदान चलता रहता है।

याद रखें:

गर्मी हमेशा "गरम चीज़" से "ठंडी चीज़" की ओर जाती है।

प्रयोग 1: "धातु जल्दी गर्म क्यों होती है?"

सामग्री:

एक धातु का चम्मच

एक प्लास्टिक का चम्मच

गर्म पानी

करें:

दोनों चम्मचों को गर्म पानी में डालिए।

कुछ सेकंड बाद छूकर देखें।

- धातु का चम्मच गरम हो गया,

लेकिन प्लास्टिक वाला ठंडा है।

क्यों?

क्योंकि धातु ऊष्मा का अच्छा चालक (Conductor) है,
जबकि प्लास्टिक रोधक (Insulator) है।

चित्र: दो चम्मच पानी में — एक गरम, एक ठंडा।

प्रयोग 2: "गर्मी कैसे फैलती है?"

सामग्री:
एक लंबी धातु की छड़ी

मोम या वैक्स

3-4 माचिस की तीलियाँ

करें:
छड़ी पर थोड़ा-थोड़ा मोम लगाकर तीलियाँ चिपकाएँ।

छड़ी के एक सिरे को मोमबत्ती की लौ में रखें।

देखें — तीलियाँ एक-एक करके गिरने लगती हैं।

क्यों?

गर्मी छड़ी में संचालन (Conduction) द्वारा आगे बढ़ती है।

चित्र: छड़ी पर तीलियाँ, धीरे-धीरे पिघलती हुईं।

प्रयोग 3: "गर्म हवा ऊपर क्यों जाती है?"

सामग्री:
एक मोमबत्ती

दो कागज़ की पट्टियाँ

करें:
मोमबत्ती जलाइए।

एक पट्टी ऊपर रखें, एक नीचे।

- ऊपर वाली पट्टी फड़फड़ाएगी,
नीचे वाली नहीं।

क्यों?
क्योंकि गर्म हवा हल्की होकर ऊपर उठती है,
और ठंडी हवा नीचे आती है।
- इसे कहते हैं संवहन (Convection)।

* चित्र: मोमबत्ती के ऊपर उठती गर्म हवा की दिशा।

प्रयोग 4: "सूरज से बिना आग के पानी गर्म करो"
सामग्री:
एक काला कपड़ा

पानी का गिलास

सूरज की रोशनी

करें:
गिलास को काले कपड़े में लपेटें।

उसे धूप में रखिए।

थोड़ी देर बाद पानी छूकर देखें — गर्म!

क्यों?

काला रंग अधिक ऊष्मा अवशोषित (Absorb) करता है।

चित्र: धूप में रखा काले कपड़े से लिपटा गिलास।

प्रयोग 5: "सर्दी में ऊन गर्म क्यों रखती है?"

सामग्री:
कपास का कपड़ा

ऊनी कपड़ा

दो बर्फ के टुकड़े

करें:
एक बर्फ कपास में रखें,

दूसरी ऊन में रखें।

देखें — कपास में बर्फ जल्दी पिघलती है।

क्यों?

ऊन में हवा फँसी रहती है, जो ऊष्मा को बाहर नहीं जाने देती।

- इसीलिए ऊन इन्सुलेटर (Insulator) है।

चित्र: ऊन और कपास में बर्फ पिघलने का अंतर।

** सोचिए और बताइए:
1 क्या धूप में काले कपड़े ज्यादा गर्म लगते हैं? क्यों?
2 क्या बर्फ ऊष्मा छोड़ती है या लेती है?
3 रसोई के बर्तन धातु के और हैंडल प्लास्टिक के क्यों होते हैं?

गतिविधि: "मेरा ऊष्मा चार्ट"

प्रयोग	क्या देखा	क्या सीखा
चम्मच	धातु गरम	धातु चालक
छड़ी	तीलियाँ गिरीं	संचालन

मोमबत्ती	हवा ऊपर गई	संवहन
काला कपड़ा	पानी गरम	अवशोषण
ऊन	बर्फ धीरे पिघली	इन्सुलेशन

** चित्र विवरण:

* दो चम्मच — एक गर्म, एक ठंडा

- छड़ी पर तीलियाँ गिरती हुईं
- ऊपर जाती गर्म हवा
- काले कपड़े में रखा गिलास
- ऊन और कपास में रखी बर्फ

छोटा क्विज़:

	प्रश्न	उत्तर
1	ऊष्मा हमेशा किस दिशा में जाती है?	गरम से ठंडी ओर
2	कौन अच्छा चालक है?	धातु
3	गर्म हवा कहाँ जाती है?	ऊपर
4	ऊन गर्म क्यों रखता है?	हवा फँसती है

सारांश:

विषय	सीख
ऊष्मा	ऊर्जा का रूप
संचालन	ठोस में ऊष्मा का फैलाव
संवहन	द्रव और गैस में ऊष्मा का प्रवाह
अवशोषण	रंग ऊष्मा सोखते हैं
इन्सुलेटर	ऊष्मा को रोकते हैं

"क्या सीखा":

ऊष्मा सिखाती है —
ऊर्जा बहती है, रुकती नहीं।
और अगर हम इसे समझें,
तो हम जीवन के हर ठंडे पल को गर्म कर सकते हैं।

प्रेरक वाक्य:

"गर्मी की तरह बनो —
जहाँ जाओ, वहाँ ऊष्मा और ऊर्जा फैलाओ।"

अध्याय 16: ऊर्जा का खेल — शक्ति के रूप और परिवर्तन

सीखने का उद्देश्य:

यह समझना कि ऊर्जा (Energy) क्या है,
वह कितने रूपों में होती है,
और कैसे एक रूप से दूसरे रूप में बदल सकती है।

परिचय:

क्या आपने कभी सोचा है —

- बल्ब कैसे जलता है?
- सूरज पौधों को कैसे बढ़ाता है?
- कार कैसे चलती है?

इन सभी के पीछे है ऊर्जा।

ऊर्जा का मतलब है — काम करने की शक्ति।
बिना ऊर्जा के कोई भी चीज़ न चल सकती है, न बदल सकती है।

- हम जो कुछ भी करते हैं — चलना, बोलना, उठाना, या लिखना —

सब में ऊर्जा लगती है।

ऊर्जा के प्रकार:

ऊर्जा का रूप	उदाहरण
• सौर ऊर्जा (Solar)	सूरज से आने वाली गर्मी और रोशनी
• ऊष्मा ऊर्जा (Heat)	आग या सूरज से गर्मी
• यांत्रिक ऊर्जा (Mechanical)	चलती वस्तुओं की शक्ति
• विद्युत ऊर्जा (Electric)	बिजली, बल्ब, मोटर
• ध्वनि ऊर्जा (Sound)	संगीत, आवाज़
• चुंबकीय ऊर्जा (Magnetic)	चुंबक, मोटर
• रासायनिक ऊर्जा (Chemical)	खाना, बैटरी, पेट्रोल
• परमाणु ऊर्जा (Nuclear)	सूरज और परमाणु संयंत्रों से

याद रखें:

**ऊर्जा ना बनाई जा सकती है, ना नष्ट की जा सकती है —
वह सिर्फ रूप बदलती है।**

प्रयोग 1: "बिजली से प्रकाश"

सामग्री:

बैटरी

बल्ब

तार

करें:

तारों से बैटरी और बल्ब जोड़ें।

बल्ब जल उठेगा।

क्यों?

विद्युत ऊर्जा → प्रकाश ऊर्जा में बदल गई।

चित्र: बच्चा बल्ब जलाता हुआ।

प्रयोग 2: "हवा से गति"

सामग्री:

कागज़

पिन

स्ट्रॉ

करें:

कागज़ को पंखे की तरह मोड़ें।

बीच में पिन लगाकर स्ट्रॉ पर लगाएँ।

उस पर फूँक मारें — वह घूमेगा!

क्यों?

हवा की ऊर्जा (Wind Energy) → गति ऊर्जा (Kinetic Energy) में बदली।

चित्र: बच्चा पिनव्हील घुमाता हुआ।

प्रयोग 3: "सूरज से गर्मी"

सामग्री:
एक काला कपड़ा

थर्मामीटर

गिलास पानी

करें:
गिलास को काले कपड़े में लपेटिए।

धूप में रखिए।

कुछ देर बाद पानी का तापमान मापिए।

क्यों?

सूरज की सौर ऊर्जा → ऊष्मा ऊर्जा में बदली।

चित्र: धूप में रखा काले कपड़े वाला गिलास।

प्रयोग 4: "रबर बैंड से आवाज़"

सामग्री:
रबर बैंड

खाली डिब्बा

करें:
बैंड को खींचकर छोड़ें।

आवाज़ आएगी!

क्यों?
खींचने पर बैंड में स्थितिज ऊर्जा (Potential Energy) थी,
छोड़ते ही वह ध्वनि ऊर्जा में बदली।

चित्र: रबर बैंड बजाकर आवाज़ बनती हुई।

प्रयोग 5: "रासायनिक से विद्युत ऊर्जा"

सामग्री:
नींबू

कील

सिक्का

LED बल्ब

करें:
नींबू में कील और सिक्का डालें।

तारों से LED जोड़ें।

LED जल उठेगी!

क्यों?
नींबू में मौजूद रासायनिक ऊर्जा → विद्युत ऊर्जा में बदली।

चित्र: नींबू बैटरी से जलता बल्ब।

**** ऊर्जा का परिवर्तन (Energy Conversion):**

मूल ऊर्जा	रूपांतरित ऊर्जा	उदाहरण
सूर्य की ऊर्जा	ऊष्मा	पौधों को बढ़ने में मदद
विद्युत	प्रकाश	बल्ब
रासायनिक	यांत्रिक	बैटरी से चलने वाली कार
पवन	यांत्रिक	पवन चक्की
ऊष्मा	यांत्रिक	भाप इंजन
भोजन	ऊर्जा	हमारा शरीर

**** सोचिए और बताइए:**

1 क्या हम बिना ऊर्जा के एक सेकंड भी जी सकते हैं?

2 कौन-सी ऊर्जा सबसे महत्वपूर्ण है?

3 क्या ठंडी चीज़ों में भी ऊर्जा होती है?

गतिविधि: "मेरा ऊर्जा चार्ट"

प्रयोग	कौन-सी ऊर्जा	किसमें बदली
बल्ब	विद्युत	प्रकाश
पिनव्हील	हवा	गति
नींबू	रासायनिक	विद्युत
धूप	सौर	ऊष्मा

**** चित्र विवरण:**

* बैटरी से जलता बल्ब

- घूमता पिनव्हील
- धूप में रखा गिलास
- रबर बैंड से आवाज़

नींबू बैटरी से LED

छोटा क्विज़:

प्रश्न	उत्तर
■ ऊर्जा क्या है?	काम करने की शक्ति
■ क्या ऊर्जा नष्ट होती है?	नहीं, रूप बदलती है
■ कौन-सी ऊर्जा से बल्ब जलता है?	विद्युत ऊर्जा
■ नींबू से कौन-सी ऊर्जा निकलती है?	रासायनिक

सारांश:

विषय	सीख
ऊर्जा	हर कार्य की शक्ति
रूप	विद्युत, यांत्रिक, ऊष्मा, रासायनिक
परिवर्तन	ऊर्जा एक रूप से दूसरे रूप में बदलती है
नियम	ऊर्जा कभी खत्म नहीं होती

"क्या सीखा":

ऊर्जा जीवन की धड़कन है।

बिना ऊर्जा, कुछ भी नहीं चलता।
सूरज से लेकर हमारे दिल तक —
हर जगह ऊर्जा बह रही है।

**** प्रेरक वाक्य:**

"ऊर्जा को पहचानो —
क्योंकि वही हर खोज, हर गति और हर जीवन की आत्मा है।"

अध्याय 17: समय, छाया और दिशा — सूर्य का विज्ञान

सीखने का उद्देश्य:
यह समझना कि सूर्य हमारी दिशा, समय और छाया — तीनों का निर्धारण करता है।
हम कैसे बिना घड़ी और कंपास के सूर्य की मदद से समय और दिशा पहचान सकते हैं।

परिचय:
क्या आपने कभी देखा है?
- सुबह सूरज पूर्व से निकलता है,
- शाम को पश्चिम में ढलता है,

और दिनभर हमारी छाया बदलती रहती है।

ये सब सूर्य के विज्ञान के कारण है।

सूर्य सिर्फ रोशनी और गर्मी नहीं देता,
वह हमें समय बताता है, दिशा दिखाता है,
और छाया का रहस्य समझाता है।

- याद रखें:

सूरज ही हमारी घड़ी, दिशा और जीवन का केंद्र है।

प्रयोग 1: "सूरज से दिशा पहचानो"
सामग्री:
एक सीधा डंडा (या पेंसिल)

जमीन (या मिट्टी का गमला)

चॉक या मार्कर

करें:

डंडा मिट्टी में सीधा गाड़ें।

सुबह 9 बजे डंडे की छाया का सिरा मार्क करें।

दोपहर 12 बजे और शाम 3 बजे फिर से मार्क करें।

देखिए —
छाया सुबह लंबी, दोपहर में छोटी, और फिर लंबी होने लगती है।

क्यों?
सूरज दिनभर पूर्व से पश्चिम चलता है,
इसलिए छाया पश्चिम से पूर्व की ओर बदलती है।

चित्र: सूरज की दिशा और छाया की रेखा।

प्रयोग 2: "धूप घड़ी बनाओ"
सामग्री:
गोल कार्डबोर्ड

डंडा

मार्कर

करें:
कार्डबोर्ड के बीच में डंडा खड़ा करें।

सुबह से हर घंटे छाया की दिशा चिन्हित करें।

हर निशान पर समय लिखें।

- अब आपके पास बनी है — धूप घड़ी (Sundial)!

क्यों?
जैसे-जैसे सूरज की स्थिति बदलती है,

छाया घूमती है — यही समय बताती है।

चित्र: बच्चे अपनी बनाई धूप घड़ी देखते हुए।

प्रयोग 3: "छाया दिनभर क्यों बदलती है?"
सामग्री:
धूप वाली जगह

एक डंडा या खिलौना

करें:
सुबह, दोपहर, और शाम तीनों समय फोटो खींचिए या निशान लगाइए।

देखें — सुबह की छाया लंबी, दोपहर की सबसे छोटी, शाम की फिर लंबी।

क्यों?
सूरज जब सिर के ऊपर होता है,
उस समय छाया सबसे छोटी होती है।

- यही कारण है कि घड़ी की तरह छाया से समय मापा जा सकता है।

चित्र: दिनभर में बदलती छाया की लकीरें।

प्रयोग 4: "उत्तर-दक्षिण दिशा कैसे पता करें?"
सामग्री:
एक धूप वाली जगह

डंडा

चॉक

करें:
सुबह छाया के सिरे पर निशान लगाइए — यह पश्चिम दिशा होगी।

शाम को फिर से छाया के सिरे पर निशान लगाइए — यह पूर्व दिशा होगी।

दोनों निशानों को जोड़ने वाली रेखा पूर्व-पश्चिम होगी,
और उसके लंबवत रेखा उत्तर-दक्षिण दिशा दिखाएगी।

क्यों?

सूरज पूर्व से पश्चिम चलता है —
इससे हम चारों दिशाएँ पहचान सकते हैं।

चित्र: जमीन पर चार दिशाएँ चिन्हित।

प्रयोग 5: "सूरज के बिना छाया नहीं"

सामग्री:
टॉर्च

खिलौना या वस्तु

करें:
टॉर्च ऑन करें — वस्तु के पीछे छाया बनेगी।

अब लाइट बंद करें — छाया गायब!

क्यों?

प्रकाश की अनुपस्थिति में छाया नहीं बनती।

- छाया हमेशा प्रकाश की दिशा के विपरीत बनती है।
- चित्र: बच्चा टॉर्च से छाया बनाता हुआ।

** सोचिए और बताइए:

1 अगर सूरज न उगे तो छाया कहाँ बनेगी?
2 क्या चाँद भी छाया बना सकता है?
3 धूप घड़ी बादलों वाले दिन क्यों नहीं चलती?

गतिविधि: "मेरा छाया डायरी"
** 3 बार दिन में छाया मापिए और लिखिए:

समय	छाया की लंबाई	दिशा
सुबह 9 बजे	लंबी	पश्चिम
दोपहर 12 बजे	सबसे छोटी	उत्तर के पास
शाम 4 बजे	फिर लंबी	पूर्व

** चित्र विवरण:
* सुबह, दोपहर, शाम — बदलती छाया

- धूप घड़ी में समय दिखाता डंडा
- दिशा रेखा — पूर्व-पश्चिम, उत्तर-दक्षिण
- सूरज और झुकी छाया का दृश्य
- टॉर्च से बनी छाया

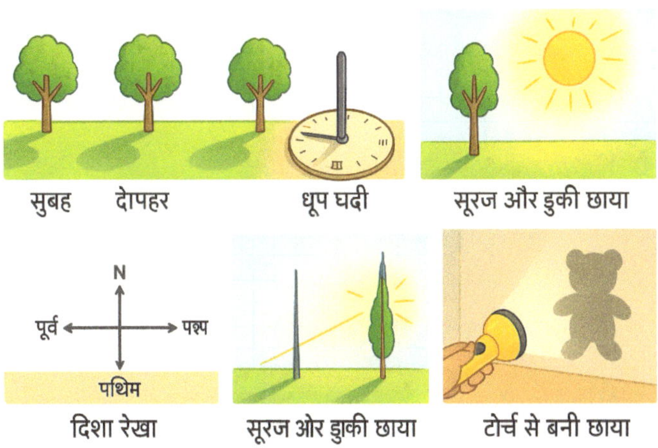

छोटा क्विज़:

	प्रश्न	उत्तर
1	सूरज किस दिशा से निकलता है?	पूर्व
2	दोपहर में छाया कैसी होती है?	सबसे छोटी
3	धूप घड़ी क्या बताती है?	समय
4	छाया किस दिशा में बनती है?	प्रकाश के विपरीत

सारांश:

विषय	सीख
सूरज	दिशा और समय बताता है
छाया	प्रकाश के विपरीत बनती है
धूप घड़ी	सूरज से समय मापती है
दिशा	पूर्व, पश्चिम, उत्तर, दक्षिण

"क्या सीखा":

सूरज न सिर्फ रोशनी देता है,
वह हमें समय और दिशा की समझ भी सिखाता है।
जब हम आकाश को देखते हैं,
हम धरती की गति को महसूस करते हैं।

प्रेरक वाक्य:

"जो सूरज की छाया पढ़ना जानता है,
वह समय और जीवन दोनों को समझना जानता है।"

अध्याय 18: पृथ्वी का जादू — घूमती धरती और ऋतु परिवर्तन

सीखने का उद्देश्य:

यह समझना कि पृथ्वी (Earth) कैसे घूमती है,
क्यों दिन और रात बनते हैं,
और कैसे मौसम (Seasons) बदलते हैं।

परिचय:

क्या आपने कभी सोचा है?

- सूरज कभी पूर्व में निकलता है,
- चाँद रात में आता है,
- कभी गर्मी, कभी सर्दी, कभी बरसात क्यों होती है?

इन सब रहस्यों के पीछे है — पृथ्वी का घूमना और झुकाव।

पृथ्वी एक अद्भुत ग्रह है —
जो न सिर्फ अपने अक्ष पर घूमती (Rotation) है,
बल्कि सूरज के चारों ओर चक्कर (Revolution) भी लगाती है।

** याद रखें:
पृथ्वी हमेशा घूमती रहती है,
इसलिए हमें दिन, रात और ऋतुएँ दिखती हैं।

पृथ्वी की दो गतियाँ:

गति का प्रकार	क्या होता है	समय
घूर्णन (Rotation)	अपनी धुरी पर घूमना	24 घंटे
परिक्रमण (Revolution)	सूरज के चारों ओर घूमना	365 दिन

प्रयोग 1: "दिन और रात कैसे बनते हैं?"

सामग्री:
एक ग्लोब

एक टॉर्च (सूरज का काम करेगी)

करें:
कमरे में अंधेरा करें।

टॉर्च को एक ओर से जलाएँ।

देखें — ग्लोब का आधा हिस्सा रोशन, आधा अंधेरा।

क्यों?
जहाँ रोशनी पड़ती है, वहाँ दिन होता है,
और जहाँ नहीं पड़ती, वहाँ रात।

** पृथ्वी घूमती रहती है,
इसलिए अलग-अलग जगहों पर दिन और रात बनते हैं।

चित्र: टॉर्च से आधा रोशन ग्लोब।

प्रयोग 2: “धरती घूमती है — लेकिन हमें क्यों नहीं लगता?”
सामग्री:
एक घूमने वाली प्लेट

एक खिलौना या गेंद

करें:
प्लेट पर खिलौना रखिए और प्लेट घुमाइए।

खिलौना साथ में घूमता रहेगा, गिरता नहीं।

** क्यों?
क्योंकि पृथ्वी बहुत बड़ी और समान रूप से घूमती है,
इसलिए हमें उसका घूमना महसूस नहीं होता।

चित्र: प्लेट पर रखा खिलौना घूमता हुआ।

प्रयोग 3: “ऋतुएँ कैसे बदलती हैं?”

सामग्री:
एक ग्लोब

टॉर्च (सूरज)

करें:
ग्लोब को थोड़ा झुकाकर रखें।

टॉर्च को केंद्र में रखें।

ग्लोब को धीरे-धीरे सूरज के चारों ओर घुमाएँ।

देखें —
कभी एक भाग सूरज के करीब आता है (गर्मी),
कभी दूर जाता है (सर्दी)।

क्यों?
पृथ्वी अपने झुके हुए अक्ष पर सूरज के चारों ओर घूमती है।
इससे अलग-अलग जगहों पर अलग-अलग ऋतुएँ बनती हैं।

चित्र: सूरज के चारों ओर घूमती झुकी हुई पृथ्वी।

प्रयोग 4: “दिन की लंबाई क्यों बदलती है?”

सामग्री:
धूप में एक डंडा

मार्कर या चॉक

करें:
सुबह, दोपहर, शाम छाया के निशान लगाएँ।

देखें — दोपहर की छाया सबसे छोटी।

* गर्मियों में सूरज ऊपर रहता है —
* दिन लंबे, रातें छोटी।
सर्दियों में सूरज नीचे रहता है —

- दिन छोटे, रातें लंबी।

चित्र: बदलती छाया और सूरज की स्थिति।

प्रयोग 5: "धरती गोल है — इसका प्रमाण"
सामग्री:
गेंद या संतरा

सूरज की रोशनी

करें:
सूरज या टॉर्च की रोशनी गेंद पर डालें।

देखें — आधा भाग चमकता है, आधा अंधेरा।

- यह दिखाता है कि धरती गोल है।

अगर धरती सपाट होती, तो पूरी रोशनी पड़ती।

चित्र: आधा चमकता, आधा अंधेरा संतरा।

ऋतु परिवर्तन का कारण:

ऋतु	क्या होता है	क्यों
• गर्मी	सूरज ऊपर	ज्यादा रोशनी
• सर्दी	सूरज नीचे	कम रोशनी
• वर्षा	हवा और जल वाष्प	बादल बनते हैं

** सोचिए और बताइए:

1 अगर पृथ्वी न घूमे तो क्या होगा?
2 अगर पृथ्वी झुकी न हो तो क्या ऋतुएँ बदलेंगी?
3 क्या पूरे ग्रह पर एक ही समय दिन होता है?

गतिविधि: "मेरी पृथ्वी डायरी"

विषय	अवलोकन	निष्कर्ष
दिन-रात	टॉर्च और ग्लोब	प्रकाश से दिन, अंधेरा से रात
घूमना	प्लेट और खिलौना	धरती घूमती है
ऋतु	झुका ग्लोब	गर्मी-सर्दी बदलती है

** चित्र विवरण:
* टॉर्च और ग्लोब से बना दिन-रात

- प्लेट पर घूमता खिलौना
- सूरज के चारों ओर घूमती पृथ्वी
- बदलती छाया का चार्ट
- आधा चमकता, आधा अंधेरा संतरा

छोटा क्विज़:

	प्रश्न	उत्तर
1	दिन-रात कैसे बनते हैं?	पृथ्वी के घूमने से
2	ऋतु परिवर्तन क्यों होता है?	पृथ्वी के झुकाव और परिक्रमण से
3	गर्मी में दिन लंबे क्यों होते हैं?	सूरज ऊँचा होता है
4	धरती का आकार कैसा है?	गोल

** सारांश:

विषय	सीख
घूर्णन	दिन और रात
परिक्रमण	ऋतु परिवर्तन
झुकाव	सूर्य की स्थिति बदलता है
आकार	पृथ्वी गोल है

"क्या सीखा":

धरती हमें सिखाती है —
घूमते रहना, बदलते रहना और संतुलन बनाए रखना।
हर दिन, हर ऋतु उसका नया रूप है।

** प्रेरक वाक्य:**

"धरती घूमती रहती है,
क्योंकि जीवन भी रुकने के लिए नहीं — आगे बढ़ने के लिए है।"

***

अध्याय 19: आकाश के रहस्य — तारे, ग्रह और ब्रह्मांड

सीखने का उद्देश्य:

यह समझना कि रात के आकाश में क्या-क्या है —
तारे क्यों चमकते हैं, ग्रह कैसे चलते हैं,
और ब्रह्मांड (Universe) कितना विशाल और रहस्यमय है।

परिचय:

जब आप रात को आकाश की ओर देखते हैं ,
क्या आपने कभी सोचा है —

- ये छोटे-छोटे चमकीले बिंदु क्या हैं?
- चाँद क्यों बढ़ता-घटता है?
- ग्रह कैसे घूमते हैं?

इसका उत्तर है — ब्रह्मांड का विज्ञान!

ब्रह्मांड यानी सारा आकाश, तारे, ग्रह, चाँद, सूर्य, और हम सब।
यह अनंत है, और हर पल बदल रहा है।

याद रखें:

"हम सब तारों की धूल से बने हैं —
इसलिए हर बच्चा एक छोटा ब्रह्मांड है।"

सौरमंडल (Solar System):

हमारा सौरमंडल सूर्य के चारों ओर घूमने वाले ग्रहों, चाँदों और क्षुद्रग्रहों का समूह है।
सूर्य इस मंडल का केंद्र (Star) है, जो सभी को अपनी गुरुत्वाकर्षण शक्ति से बाँधकर रखता है।

सौरमंडल के 8 ग्रह:

क्रम	ग्रह का नाम	विशेषता
1	बुध (Mercury)	सबसे छोटा और सूरज के पास

2 शुक्र (Venus) सबसे चमकीला ग्रह
3 पृथ्वी (Earth) जीवन वाला एकमात्र ग्रह
4 मंगल (Mars) लाल ग्रह
5 बृहस्पति (Jupiter)सबसे बड़ा ग्रह
6 शनि (Saturn) सुंदर छल्लों वाला ग्रह
7 अरुण (Uranus) नीला और झुका हुआ ग्रह
8 वरुण (Neptune) सबसे दूर और ठंडा ग्रह

चित्र: सूरज के चारों ओर घूमते 8 ग्रहों का सौरमंडल।

प्रयोग 1: "सौरमंडल बनाओ"

सामग्री:
थर्माकोल या चार्ट पेपर

रंग

धागा या पिन

करें:
सूरज को बीच में बनाइए।

उसके चारों ओर अलग-अलग आकार के गोल घेरे बनाइए।

हर ग्रह को रंगों से सजाइए और उसके नाम लिखिए।

* अब आपका अपना सौरमंडल मॉडल तैयार है!

* इससे आप समझेंगे कि हर ग्रह सूरज के चारों ओर घूमता है।

प्रयोग 2: "तारे क्यों टिमटिमाते हैं?"

सामग्री:
पानी से भरा गिलास

नीचे जलती मोमबत्ती

करें:
मोमबत्ती के ऊपर गिलास रखें।

आग की रोशनी पानी से गुज़रते हुए टिमटिमाती दिखेगी।

** क्यों?
क्योंकि हवा (या पानी) में हलचल से प्रकाश मुड़ता है —
इसी कारण आकाश में तारे टिमटिमाते हैं।

चित्र: पानी से टिमटिमाती मोमबत्ती की रोशनी।

प्रयोग 3: "चाँद घटता-बढ़ता क्यों है?"

सामग्री:
एक गेंद

एक टॉर्च (सूरज की रोशनी)

करें:
गेंद को टॉर्च की रोशनी के सामने घुमाएँ।

देखिए — कभी पूरा हिस्सा रोशन, कभी आधा, कभी कम।

** क्यों?
चाँद अपनी रोशनी नहीं देता —
वह सूरज की रोशनी को परावर्तित (Reflect) करता है।
जैसे-जैसे पृथ्वी, सूरज और चाँद की स्थिति बदलती है,
वैसे-वैसे चाँद का आकार हमें बदलता दिखता है।

चित्र: गेंद पर टॉर्च की रोशनी — घटता-बढ़ता चाँद।

प्रयोग 4: "आकाशगंगा (Galaxy) क्या है?"

सामग्री:
काला चार्ट पेपर

सफेद रंग या चावल के दाने

करें:
काले पेपर पर ब्रश या उँगलियों से छोटे-छोटे सफेद बिंदु बनाइए।

बीच में घुमावदार पैटर्न बनाइए।

** क्यों?
हर बिंदु एक तारा या तारा-मंडल (Star System) है।
हमारी आकाशगंगा का नाम है "मिल्की वे (Milky Way)"।

चित्र: मिल्की वे जैसी घूमती आकाशगंगा।

प्रयोग 5: "गुरुत्वाकर्षण की ताकत"

सामग्री:
गेंद

किताब

करें:
गेंद को ऊपर फेंकिए — वह वापस नीचे आती है।

किताब छोड़िए — वह भी गिरती है।

** क्यों?
हर चीज़ गुरुत्वाकर्षण (Gravity) के कारण नीचे आती है।
यह वही शक्ति है जो ग्रहों को सूरज के चारों ओर घुमाए रखती है।

चित्र: बच्चा गेंद गिराते हुए — पृथ्वी उसे खींचती हुई।

** मजेदार तथ्य (Did You Know?):
* सबसे निकटतम तारा — सूर्य
* सबसे नज़दीकी तारा सूर्य के बाद — प्रॉक्सिमा सेंटॉरी
* एक तारा अपने जीवन में पैदा होता है, चमकता है और फिर मर

जाता है।
* ब्रह्मांड में अरबों आकाशगंगाएँ हैं।
* पृथ्वी ब्रह्मांड का केवल एक छोटा-सा हिस्सा है!

** सोचिए और बताइए:
1 क्या सभी तारे सूरज जैसे होते हैं?
2 क्या चाँद अपनी रोशनी देता है?
3 अगर गुरुत्वाकर्षण न होता, तो हम क्या करते?

गतिविधि: "मेरा ब्रह्मांड चार्ट"

विषय	क्या देखा	क्या सीखा
सौरमंडल	ग्रह सूरज के चारों ओर	गुरुत्वाकर्षण
तारे	चमकते	प्रकाश उत्सर्जन
चाँद	आकार बदलता	परावर्तन
आकाशगंगा	तारा समूह	ब्रह्मांड विशाल है

** चित्र विवरण:
* सौरमंडल का रंगीन मॉडल

- पानी से टिमटिमाती रोशनी
- गेंद और टॉर्च से चाँद के रूप
- काले चार्ट पर आकाशगंगा
- पृथ्वी की ओर गिरती गेंद

छोटा क्विज़:

	प्रश्न	उत्तर
1	सूरज क्या है?	एक तारा
2	पृथ्वी किसके चारों ओर घूमती है?	सूरज
3	तारे टिमटिमाते क्यों हैं?	प्रकाश मुड़ने से
4	चाँद चमकता क्यों है?	सूरज की रोशनी से
5	हमारी आकाशगंगा का नाम क्या है?	मिल्की वे

** सारांश:

विषय	सीख
सौरमंडल	8 ग्रह सूरज के चारों ओर घूमते हैं
तारे	खुद रोशनी देते हैं
चाँद	सूरज की रोशनी लौटाता है

गुरुत्वाकर्षण	सबको बाँधकर रखता है
ब्रह्मांड	अनंत और रहस्यमय है

"क्या सीखा":

हम सब इसी ब्रह्मांड का हिस्सा हैं —
सूरज की किरण, चाँद की चमक, और तारे की धूल।
जितना हम जानेंगे, उतना ही यह रहस्य गहराता जाएगा।

** प्रेरक वाक्य:

"आकाश हमें सिखाता है —
जितना ऊपर देखोगे, उतना सीखोगे।"

***

अध्याय 20: मौसम का जादू — बादल, बारिश और हवा का विज्ञान

सीखने का उद्देश्य:

यह समझना कि मौसम (Weather) कैसे बनता है,
बादल कैसे तैयार होते हैं,
बारिश क्यों होती है,
और हवा मौसम को कैसे बदलती है।

परिचय:

क्या आपने कभी सोचा है —

- सुबह धूप क्यों होती है,
- दोपहर में बारिश क्यों आ जाती है,
- कभी-कभी इंद्रधनुष क्यों दिखता है?

यह सब है मौसम का जादू!

मौसम यानी किसी स्थान का तत्काल वातावरण —
जिसमें शामिल हैं तापमान, हवा, नमी, और बादल।

** याद रखें:
"हवा, बादल और सूरज —
यही मौसम के तीन जादूगर हैं।"

प्रयोग 1: "बादल कैसे बनते हैं?"

सामग्री:
एक ग्लास

गरम पानी

बर्फ

प्लेट

करें:
गिलास में थोड़ा गरम पानी डालें।

ऊपर प्लेट रखें और उस पर बर्फ रखें।

कुछ सेकंड बाद देखें —
गिलास के अंदर धुंध जैसा बादल बनता है!

** क्यों?
गरम पानी से निकली भाप ठंडी प्लेट से टकराकर संघनित (Condense) हो गई।

- यही प्रक्रिया बादल बनने की होती है।

चित्र: गिलास में बना छोटा-सा बादल।

प्रयोग 2: "बारिश कब होती है?"

सामग्री:
पारदर्शी गिलास

पानी

शेविंग क्रीम (बादल)

नीला रंग (बारिश)

करें:
गिलास में पानी भरें।

ऊपर शेविंग क्रीम की परत डालें।

अब ऊपर से नीला रंग टपकाएँ।

देखिए — रंग नीचे गिरने लगता है जैसे बारिश!

क्यों?
जब बादल भारी हो जाते हैं,
तो पानी की बूंदें नीचे गिरती हैं — यही वर्षा (Rainfall) है।

चित्र: पानी में गिरती नीली बूंदें — बादल से बारिश।

प्रयोग 3: "हवा कैसे चलती है?"
सामग्री:
दो मोमबत्तियाँ

काँच का ग्लास

करें:
दोनों मोमबत्तियाँ जलाइए — एक पास, एक दूर।

बीच में काँच का ग्लास रखिए।

देखें — पास वाली लौ हवा के झोंके से झुकती है।

क्यों?
गर्म हवा हल्की होकर ऊपर जाती है,
ठंडी हवा उसकी जगह लेती है —

- इससे हवा का प्रवाह (Wind Movement) होता है।

चित्र: मोमबत्ती की लौ हवा के झोंके से झुकती हुई।

प्रयोग 4: "इंद्रधनुष कैसे बनता है?"
सामग्री:
एक दर्पण

पानी से भरा टब

सूरज की रोशनी

करें:
टब में पानी भरिए और दर्पण को कोण पर रखिए।

सूरज की रोशनी टकराने दें।

दीवार पर देखें — इंद्रधनुष बन गया!

क्यों?

सूरज की सफेद रोशनी पानी से गुजरते समय
सात रंगों में विभाजित (Dispersion) हो जाती है।

चित्र: टब में पानी और दर्पण से बनता इंद्रधनुष।

प्रयोग 5: "हवा में नमी"

सामग्री:
एक ठंडी शीशी

एक गरम कमरा

करें:
ठंडी शीशी को कमरे में रखें।

देखें — शीशी के बाहर पानी की बूंदें बनने लगती हैं।

क्यों?

हवा में मौजूद जलवाष्प ठंडी सतह पर संघनित (Condense) हो जाता है।

- यही प्रक्रिया ओस (Dew) बनने में भी होती है।

चित्र: ठंडी बोतल पर पानी की बूंदें।

मौसम कैसे बनता है?

मौसम तीन मुख्य कारणों से बदलता है —

1 सूरज की गर्मी — तापमान बदलता है
2 हवा का प्रवाह — नमी और दाब बदलता है
3 जल चक्र (Water Cycle) — बादल और वर्षा बनती है

जल चक्र (Water Cycle):

चरण	प्रक्रिया	क्या होता है
1	वाष्पीकरण	पानी भाप बनकर उड़ता है
2	संघनन	भाप ठंडी होकर बादल बनती है
3	वर्षा	बादल भारी होकर पानी बरसाते हैं

चित्र: सूरज, बादल और बारिश से बना जलचक्र।

** सोचिए और बताइए:
1 अगर सूरज न निकले तो क्या बारिश होगी?
2 क्या सर्दी में भी बादल बनते हैं?
3 हवा ऊपर क्यों उठती है?

गतिविधि: "मेरा मौसम चार्ट"

प्रयोग	क्या देखा	क्या सीखा
गिलास में बादल	धुंध बनी	भाप ठंडी हुई
रंगीन बूंदें	नीचे गिरीं	बादल भारी हुए
मोमबत्ती	लौ झुकी	हवा का प्रवाह
शीशी	बूंदें बनीं	नमी संघनित हुई

** चित्र विवरण:
* गिलास में बनते बादल

- नीली बारिश गिरती हुई
- हवा से झुकती लौ
- टब में बना इंद्रधनुष

❦ शीशी पर ओस की बूंदें

गिलास में बनते बादल

नीती बारिश गिरती हुई

हवा से झुकती लो

टब में बना इंद्रधुष

शीशी पर अेसघुष

शीशी पर ओस की बूँदें

**** छोटा क्विज़:**

	प्रश्न	उत्तर
1	बादल कैसे बनते हैं?	भाप ठंडी होकर
2	बारिश क्यों होती है?	बादल भारी होने से
3	हवा कैसे चलती है?	गर्म-ठंडी हवा के अंतर से
4	इंद्रधनुष कैसे बनता है?	प्रकाश के विभाजन से

**** सारांश:**

विषय	सीख
बादल	भाप के ठंडा होने से बनते हैं
बारिश	बादल भारी होने से होती है
हवा	गर्म हवा ऊपर, ठंडी नीचे
इंद्रधनुष	प्रकाश के विभाजन से
नमी	संघनन से बूंदें बनती हैं

"क्या सीखा":

मौसम सिखाता है कि
हर बदलाव में सुंदरता होती है।
बादल, बारिश, धूप और हवा —
सब मिलकर जीवन को ताज़गी देते हैं।

** प्रेरक वाक्य:

“मौसम बदलता है —
ताकि हम हर रूप में प्रकृति की कहानी पढ़ सकें।”

***

अध्याय 21: पौधों का जादू — हरियाली में छिपा विज्ञान

सीखने का उद्देश्य:

यह समझना कि पौधे (Plants) कैसे जीते हैं,
वे हवा से सांस लेते हैं,
सूरज से भोजन बनाते हैं,
और धरती को जीवन और संतुलन देते हैं।

परिचय:

क्या आपने कभी सोचा है —

- पौधे सूरज की ओर क्यों झुकते हैं?
- पत्तियाँ हरी क्यों होती हैं?
- पेड़ फल और फूल कैसे देते हैं?

इसका जवाब है — प्रकृति का विज्ञान!

पौधे सिर्फ सुंदर नहीं —
वे हमारे जीवन का आधार हैं।
वे हवा में ऑक्सीजन (O_2) छोड़ते हैं,
कार्बन डाइऑक्साइड (CO_2) लेते हैं,
और प्रकाश से अपना भोजन बनाते हैं।

** याद रखें:
"पौधे धरती की साँस हैं —
और इंसान उनका प्रतिबिंब।"

प्रयोग 1: "पौधे भी सांस लेते हैं"

सामग्री:
पानी से भरा कटोरा

ताज़ा हरी पत्ती

धूप

करें:
कटोरे में पानी भरें और पत्ती डालें।

उसे धूप में रखिए।

कुछ देर बाद देखें — पत्ती के आसपास बुलबुले दिखेंगे!

क्यों?
धूप में पौधा प्रकाश संश्लेषण (Photosynthesis) करता है —
वह ऑक्सीजन छोड़ता है, जो पानी में बुलबुलों के रूप में दिखती है।

चित्र: पानी में बुलबुले छोड़ती पत्ती।

प्रयोग 2: “पौधे अपना खाना खुद बनाते हैं”
सामग्री:
हरी पत्ती वाला पौधा

काला कागज़

टेप

करें:
पत्ती के बीच में काले कागज़ से एक हिस्सा ढक दें।

4-5 घंटे धूप में रखें।

अब पत्ती को निकालकर आयोडीन टेस्ट करें (शिक्षक की मदद से)।

** क्यों?
ढका हिस्सा धूप से वंचित रहा —
वहाँ स्टार्च (भोजन) नहीं बना।

- पौधे सूरज की रोशनी से अपना भोजन बनाते हैं।

चित्र: आधी पत्ती नीली, आधी नहीं — स्टार्च परीक्षण।

प्रयोग 3: "जड़ों की ताकत"

सामग्री:
एक गिलास पानी

एक पौधे की टहनी

नीला रंग

करें:
पानी में नीला रंग मिलाएँ।

पौधे की टहनी को उसमें रखें।

कुछ घंटों बाद देखें — टहनी और पत्तियाँ हल्की नीली हो गईं।

क्यों?
पानी जड़ों से ऊपर पत्तियों तक जाता है —
इसे कहते हैं वाष्पोत्सर्जन (Transpiration)।

चित्र: रंग बदलती पत्तियाँ और डंठल।

प्रयोग 4: "सूरज की ओर झुकते पौधे"

सामग्री:
गमले में पौधा

धूप वाली खिड़की

करें:
पौधे को एक ओर धूप वाली खिड़की पर रखें।

कुछ दिनों बाद देखें —
पौधा धूप की ओर झुक गया है।

** क्यों?
पौधे की कोशिकाएँ रोशनी की दिशा में बढ़ती हैं।

- इसे कहते हैं प्रकाशानुवर्तन (Phototropism)।

चित्र: खिड़की की ओर झुकता पौधा।

प्रयोग 5: "पेड़ हवा साफ करते हैं"

सामग्री:
दो छोटे पौधे

एक पारदर्शी प्लास्टिक बैग

धूप वाली जगह

करें:
एक पौधे को प्लास्टिक से ढक दें,
दूसरे को खुला रखें।

दोनों को धूप में रखें।

कुछ समय बाद ढके पौधे पर भाप जैसी बूंदें दिखेंगी।

** क्यों?
पौधे पत्तियों से जलवाष्प छोड़ते हैं।
यह हवा को नम और ठंडा बनाता है —

- यही कारण है कि पेड़ पर्यावरण को शुद्ध रखते हैं।

चित्र: ढके पौधे पर बूंदें बनती हुईं।

पौधों का योगदान:

भूमिका	कार्य
• हवा	ऑक्सीजन छोड़ते हैं
• ऊर्जा	भोजन बनाते हैं
• पानी	नमी बनाए रखते हैं
• मिट्टी	पकड़कर धरती को सुरक्षित रखते हैं
• जीवन	हर जीव को भोजन देते हैं

** सोचिए और बताइए:

1 अगर पौधे न हों, तो क्या हम सांस ले पाएँगे?
2 क्या पौधे रात में भी ऑक्सीजन छोड़ते हैं?
3 पौधे सूर्य की ओर क्यों मुड़ते हैं?

गतिविधि: “मेरा पौधा डायरी”

प्रयोग	क्या देखा	क्या सीखा
पत्ती के बुलबुले	ऑक्सीजन निकली	पौधा सांस लेता है
काली पत्ती	हिस्सा हल्का	भोजन धूप से बनता है
नीला पानी	पत्ती नीली	जड़ों से पानी ऊपर
झुका पौधा	रोशनी की ओर	प्रकाशानुवर्तन

** चित्र विवरण:

* पानी में बुलबुले छोड़ती पत्ती

- आधी ढकी पत्ती पर परीक्षण
- नीला पानी चढ़ता पौधा
- खिड़की की ओर झुका पौधा

* ढके पौधे पर भाप जैसी बूंदें

**** छोटा क्विज़:**

	प्रश्न	उत्तर
1	पौधे भोजन कैसे बनाते हैं?	प्रकाश संश्लेषण से
2	पौधे कौन-सी गैस छोड़ते हैं?	ऑक्सीजन
3	जड़ों से पानी ऊपर कैसे जाता है?	वाष्पोत्सर्जन
4	पौधे धूप की ओर क्यों मुड़ते हैं?	प्रकाशानुवर्तन

**** सारांश:**

विषय	सीख
प्रकाश संश्लेषण	पौधे धूप से भोजन बनाते हैं
वाष्पोत्सर्जन	जड़ों से पानी ऊपर
ऑक्सीजन	पौधे हवा शुद्ध करते हैं
प्रकाशानुवर्तन	पौधे रोशनी की ओर झुकते हैं

"क्या सीखा":

पौधे जीवन का हृदय हैं —
वे हमें सांस, भोजन, छाया और सुंदरता देते हैं।
हर पौधा एक वैज्ञानिक प्रयोगशाला है,
जो चुपचाप जीवन बनाता रहता है।

** प्रेरक वाक्य:

"जो पेड़ लगाता है,
वह धरती को सांस देता है।"

***

अध्याय 22: जानवरों की दुनिया — जीवन के अद्भुत रूप

** सीखने का उद्देश्य:
यह समझना कि जानवर (Animals) कैसे जीते हैं,
कैसे सांस लेते हैं, चलते हैं, भोजन करते हैं,
और अपने वातावरण (Habitat) में ढलते हैं।

परिचय:
क्या आपने कभी सोचा है —

- पक्षी उड़ते कैसे हैं?
- मछली पानी में डूबती क्यों नहीं?
- ऊँट रेगिस्तान में बिना पानी के कैसे चलता है?

इन सबका उत्तर है — प्रकृति की अनोखी बनावट।

हर जानवर अपने घर — यानी आवास (Habitat) — में इस तरह ढला होता है
कि वह वहाँ आसानी से जी सके।
यही है अनुकूलन (Adaptation) का जादू।

** याद रखें:
"प्रकृति हर जीव को उसकी ज़रूरत के अनुसार गढ़ती है।"

** जानवरों के आवास:

आवास	उदाहरण	विशेषता
जंगल	बाघ, हिरण	पेड़ों में छिपने की जगह
बर्फीला क्षेत्र	ध्रुवीय भालू	मोटे बाल और चर्बी
रेगिस्तान	ऊँट	पानी संचित करता है
पानी	मछली, डॉल्फ़िन	गलफड़े से सांस
घर	बिल्ली, कुत्ता	पालतू जानवर

प्रयोग 1: "पानी में सांस"
सामग्री:
एक गिलास पानी

स्ट्रॉ

करें:
स्ट्रॉ से पानी में धीरे-धीरे फूँक मारें।

बुलबुले उठते देखिए।

** क्यों?
मछलियाँ भी पानी से ऑक्सीजन निकालती हैं।
उनके पास होते हैं — गलफड़े (Gills)।

चित्र: बच्चा स्ट्रॉ से पानी में बुलबुले बनाता हुआ।

प्रयोग 2: "ऊँट का रहस्य"

सामग्री:
दो स्पंज

थोड़ा पानी

करें:
एक स्पंज में पानी भरें।

दूसरे को सूखा रखें।

कुछ देर बाद देखें — भीगा स्पंज देर तक नमी रखता है।

** क्यों?
ऊँट के शरीर में भी इसी तरह पानी संचित करने की क्षमता होती है।
इसलिए वह कई दिन बिना पानी के रह सकता है।

चित्र: स्पंज पानी सोखते हुए।

प्रयोग 3: "ठंडी जगह के जानवर" 🐻

सामग्री:
बर्फ से भरा बाउल

दो प्लास्टिक बैग

मक्खन या तेल

करें:
एक बैग में मक्खन लगाकर दूसरा उसके ऊपर पहनें (जैसे दस्ताना)।

हाथ को बर्फ पर रखें।

मक्खन वाला हाथ देर तक गर्म रहेगा।
क्यों?
क्योंकि मोटी चर्बी (Blubber) ठंड से बचाती है —

- यही तरीका ध्रुवीय भालू और सील जैसे जानवर अपनाते हैं।

चित्र: बच्चा "भालू दस्ताना" पहनकर बर्फ छूता हुआ।

प्रयोग 4: "पक्षी क्यों उड़ते हैं?"
सामग्री:
कागज़

कैंची

करें:
कागज़ को "पंख" जैसा आकार दें।

उसे हवा में छोड़ें।

- वह धीरे-धीरे फड़फड़ाकर गिरेगा।

** क्यों?
पंखों का आकार हवा को काटने में मदद करता है —

- यही सिद्धांत पक्षियों की उड़ान का आधार है।

चित्र: बच्चा कागज़ी पंख उड़ाते हुए।

प्रयोग 5: "जानवर कैसे अपने वातावरण में ढलते हैं"

सामग्री:
एक गिलास

रंगीन कागज़

प्लास्टिक खिलौना (छिपकली या कीड़ा)

करें:
खिलौने को एक ही रंग की पृष्ठभूमि पर रखें।

उसे पहचानना मुश्किल होगा!

** क्यों?
जानवर रंग बदलकर या घुलकर अपने वातावरण में छिप जाते हैं —

- इसे कहते हैं आवरण (Camouflage)।

चित्र: रंगीन पृष्ठभूमि पर छिपा हुआ कीड़ा।

जानवरों का वर्गीकरण:

प्रकार	उदाहरण	विशेषता
स्तनधारी	गाय, शेर	बच्चे जनते हैं
पक्षी	चिड़िया	पंख और चोंच
मछली	शार्क	गलफड़े से सांस
सरीसृप	सांप, छिपकली	रेंगकर चलना
उभयचर	मेंढक	पानी और जमीन दोनों में

- **जानवरों का महत्व:**

1 **पौधों का परागण (Pollination) करते हैं।**
2 **मिट्टी को उपजाऊ बनाते हैं।**
3 **जंगल का संतुलन बनाए रखते हैं।**
4 **इंसानों को दूध, ऊन, अंडे, और मदद देते हैं।**

** **सोचिए और बताइए:**
1 **मछली डूबती क्यों नहीं?**
2 **पक्षी बिना रुके उड़ कैसे लेते हैं?**
3 **क्या सभी जानवर एक जैसी हवा में सांस लेते हैं?**

गतिविधि: "मेरे जानवर की डायरी"

प्रयोग	क्या देखा	क्या सीखा
पानी में बुलबुले	ऑक्सीजन	गलफड़े से सांस
स्पंज	नमी रखता	ऊँट जैसा अनुकूलन
भालू दस्ताना	ठंड नहीं लगी	चर्बी सुरक्षा देती है
पंख	उड़ान	हवा का संतुलन
खिलौना	छिप गया	आवरण

चित्र विवरण:

- **पानी में बुलबुले**
- **ऊँट जैसा स्पंज**
- **बर्फ पर "भालू दस्ताना"**
- **उड़ता कागज़ी पंख**

🐛 **पृष्ठभूमि में छिपा कीड़ा**

पानी में बुलबुले

उँट जैसा सपज

बर्प पर 'भालू दसनाा

उड़ता कागज़ी पंख

पृष्ठबूमि में छिपा कीढ़ा

छोटा क्विज़:

	प्रश्न	उत्तर
1	मछली सांस कहाँ से लेती है?	गलफड़े
2	ऊँट पानी कैसे बचाता है?	शरीर में संचित करता है
3	भालू ठंड से कैसे बचता है?	मोटी चर्बी
4	जानवर वातावरण में कैसे छिपते हैं?	रंग मिलाकर

(Camouflage)

** सारांश:

विषय	सीख
आवास	जानवरों का घर
अनुकूलन	वातावरण में ढलना
गलफड़े	पानी में सांस
पंख	उड़ान के लिए
आवरण	सुरक्षा के लिए

"क्या सीखा":
हर जीव की बनावट उसके जीवन का प्रमाण है।
कोई उड़ता है, कोई रेंगता है, कोई तैरता है —
सब अपने तरीके से प्रकृति की कहानी कह रहे हैं।

** प्रेरक वाक्य:

"प्रकृति के हर जीव में एक विज्ञान है —
बस उसे देखने की नजर चाहिए।"

***

अध्याय 23: मानव शरीर का विज्ञान — हमारे अंदर का अद्भुत संसार

सीखने का उद्देश्य:

यह जानना कि हमारा शरीर कैसे काम करता है,
हमारे दिल, दिमाग, फेफड़े, हड्डियाँ और इंद्रियाँ क्या करती हैं,
और कैसे ये सब मिलकर हमें जीवित और सक्रिय रखते हैं।

परिचय:

क्या आपने कभी सोचा है —

- दिल धड़कता क्यों है?
- दिमाग कैसे सोचता है?
- हम सांस क्यों लेते हैं?
- हम चीजें कैसे देखते हैं?

हमारे शरीर के अंदर हर पल विज्ञान का अद्भुत खेल चलता रहता है।

हमारा शरीर एक जीवित मशीन है —
जिसमें हजारों "छोटे इंजनों" की तरह
कोशिकाएँ (Cells), अंग (Organs), और तंत्र (Systems) काम करते हैं।

याद रखें:

"हमारा शरीर सबसे जटिल और सुंदर प्रयोगशाला है।"

हमारे शरीर के मुख्य तंत्र (Body Systems):

तंत्र	कार्य	उदाहरण
* परिसंचरण तंत्र (Circulatory)	रक्त बहाना	हृदय, नसें
* श्वसन तंत्र (Respiratory)	सांस लेना	फेफड़े
* तंत्रिका तंत्र (Nervous)	सोचना, महसूस करना	मस्तिष्क, नसें
* पाचन तंत्र (Digestive)	भोजन पचाना	पेट, आँतें
* अस्थि-मांसपेशी तंत्र (Skeletal & Muscular)	शरीर को आकार और गति देना	हड्डियाँ, मांसपेशियाँ

प्रयोग 1: "दिल कैसे धड़कता है?"

सामग्री:

पानी से भरा गुब्बारा

स्ट्रॉ

करें:
गुब्बारे में थोड़ा पानी भरें।

उसे दबाएँ — पानी स्ट्रॉ से बाहर निकलेगा।

- यही सिद्धांत हमारे दिल के पंप करने जैसा है।

दिल हर धड़कन में रक्त को पूरे शरीर में भेजता है।

चित्र: बच्चा गुब्बारा दबाकर पानी निकालता हुआ।

प्रयोग 2: "सांस की ताकत"

सामग्री:
दो गुब्बारे

एक स्ट्रॉ

टेप

करें:
स्ट्रॉ के दोनों सिरों पर गुब्बारे बाँधें।

स्ट्रॉ में फूँक मारें — दोनों गुब्बारे फूलेंगे।

** क्यों?
जब हम सांस लेते हैं,
हमारे फेफड़े हवा से भरते हैं।

- यह दिखाता है कि सांस लेना शरीर को ऊर्जा देता है।

चित्र: स्ट्रॉ से जुड़े फूलते गुब्बारे।

प्रयोग 3: “दिमाग और नसों का कमाल”

सामग्री:
कोई साथी

पैमाना (रूलर)

करें:
साथी को रूलर पकड़ने को कहें।

आप उसे गिराने का इशारा करें — वह जितनी जल्दी पकड़ ले, उतनी तेज़ उसकी प्रतिक्रिया (Reflex) है।

** क्यों?
दिमाग और नसें संदेशों का आदान-प्रदान बहुत तेजी से करती हैं। इसे कहते हैं — तंत्रिका तंत्र की क्रिया।

* चित्र: दो बच्चे रूलर पकड़ने का खेल खेलते हुए।

प्रयोग 4: “भोजन कहाँ जाता है?”

सामग्री:
पारदर्शी प्लास्टिक ट्यूब

रोटी या केला का टुकड़ा

करें:
रोटी को ट्यूब में डालिए।

उसे दबाइए और पानी डालिए —
रोटी धीरे-धीरे घुलती जाएगी।

** क्यों?
हमारे शरीर में भोजन का पाचन (Digestion) इसी तरह होता है। भोजन धीरे-धीरे टूटकर ऊर्जा में बदलता है।

चित्र: ट्यूब में रोटी घुलती हुई।

प्रयोग 5: "हड्डियों की मजबूती"

सामग्री:
पतली छड़ी (पेंसिल)

कागज़ का रोल (जैसे पाइप)

करें:
पतली पेंसिल पर वजन रखें — वह टूट जाएगी।

लेकिन कागज़ को पाइप जैसा मोड़कर रखिए — वजन सह लेगा!

** क्यों?
हड्डियाँ खोखली (Hollow) होती हैं,
पर उनका ढाँचा ऐसा होता है कि वे बहुत मजबूत रहती हैं।

चित्र: कागज़ी पाइप पर रखी किताब — नहीं टूटी।

पाँच इंद्रियाँ (Five Senses):

इंद्रिय	अंग	कार्य
• दृष्टि	आँखें	देखना
• श्रवण	कान	सुनना
• गंध	नाक	सूँघना
• स्वाद	जीभ	चखना
• स्पर्श	त्वचा	महसूस करना

चित्र: पाँच इंद्रियों वाला बच्चा — आँख, कान, नाक, जीभ, हाथ।

** शरीर के रोचक तथ्य:
* हमारा दिल एक दिन में लगभग 1 लाख बार धड़कता है।
* हम रोज़ लगभग 20,000 बार सांस लेते हैं।
* हमारे शरीर में लगभग 206 हड्डियाँ हैं।
* हमारा दिमाग 1 सेकंड में लाखों संकेत भेजता है।
* पेट का एसिड लोहे को भी गलाने जितना तेज़ होता है!

** सोचिए और बताइए:
1 अगर दिल रुक जाए तो क्या होगा?
2 क्या हम बिना दिमाग के सोच सकते हैं?
3 क्यों कहा जाता है "स्वस्थ शरीर में ही स्वस्थ मन रहता है"?

गतिविधि: "मेरा शरीर चार्ट"

तंत्र	कार्य	उदाहरण
हृदय तंत्र	रक्त बहाना	दिल
श्वसन तंत्र	सांस लेना	फेफड़े
पाचन तंत्र	भोजन तोड़ना	पेट
तंत्रिका तंत्र	संकेत देना	दिमाग
अस्थि तंत्र	आकार और मजबूती	हड्डियाँ

** चित्र विवरण:
* पानी निकालता गुब्बारा (दिल का मॉडल)

- स्ट्रॉ से फूलते गुब्बारे (फेफड़े)
- रूलर प्रतिक्रिया खेल
- ट्यूब में घुलता भोजन

* पाइप जैसी मजबूत हड्डी

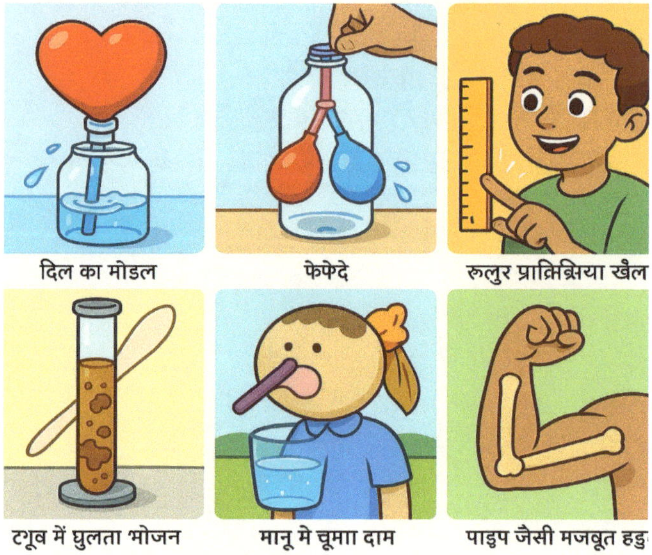

** छोटा क्विज़:

	प्रश्न	उत्तर
1	दिल क्या करता है?	रक्त पंप करता है
2	फेफड़े क्या करते हैं?	हवा से ऑक्सीजन लेते हैं
3	दिमाग क्या करता है?	सोचता और निर्देश देता है
4	हड्डियाँ कैसी होती हैं?	खोखली पर मजबूत
5	भोजन कैसे ऊर्जा देता है?	पाचन से

** सारांश:

विषय	सीख
हृदय	रक्त बहाता है
फेफड़े	ऑक्सीजन लेते हैं
दिमाग	सोचता है
पाचन तंत्र	ऊर्जा बनाता है
इंद्रियाँ	दुनिया को महसूस कराती हैं

"क्या सीखा":

हमारा शरीर एक अद्‌भुत तंत्र है —

जिसमें हर अंग मिलकर काम करता है,
और हमें जीवित, सक्रिय, और सोचने वाला प्राणी बनाता है।

** प्रेरक वाक्य:

“अपने शरीर को जानो,
क्योंकि यही तुम्हारा पहला और सबसे अद्भुत प्रयोगशाला है।”

***

अध्याय 24: मशीनों का विज्ञान — सरल यंत्रों से जटिल आविष्कारों तक

सीखने का उद्देश्य:

यह समझना कि मशीनें (Machines) कैसे काम करती हैं,
सरल यंत्र (Simple Machines) क्या होते हैं,
और कैसे ये हमारे जीवन को आसान बनाते हैं।

परिचय:

क्या आपने कभी सोचा है —

- भारी चीज़ उठाना आसान कैसे हो जाता है?
- साइकिल के पहिए कैसे घूमते हैं?
- सीढ़ियाँ चढ़ना क्यों सरल होता है?

इसका जवाब है — सरल यंत्रों का विज्ञान!

मशीनें हमारे शरीर की ताकत को गुणा कर देती हैं।
वे काम को तेज़, आसान और प्रभावी बनाती हैं।

याद रखें:

"हर मशीन एक विचार से शुरू होती है —
और हर विचार एक समस्या से।"

मशीनों के दो प्रकार:

प्रकार	उदाहरण	उपयोग
• सरल यंत्र (Simple Machines)	लीवर, पुली, पहिया, स्क्रू	ताकत घटाना
• जटिल यंत्र (Complex Machines)	कार, सिलाई मशीन, पंखा	कई यंत्रों से बने

** 6 प्रमुख सरल यंत्र (Six Simple Machines):

यंत्र	उदाहरण	कार्य
1 लीवर (Lever)	झूला, कैंची	बल बढ़ाना
2 पुली (Pulley)	कुआँ, क्रेन	वजन उठाना

3	पहिया और धुरी (Wheel & Axle)	साइकिल	दूरी घटाना
4	ढलान (Inclined Plane)	रैंप, स्लाइड	उठाना आसान बनाना
5	कील (Wedge)	कुल्हाड़ी, चाकू	चीज़ काटना
6	पेंच (Screw)	बोतल ढक्कन	घुमाकर जोड़ना

प्रयोग 1: “लीवर का जादू”

सामग्री:

एक स्केल

पेंसिल (धुरी)

दो वजन (या रबर)

करें:

स्केल को पेंसिल पर रखिए — जैसे झूला।

एक ओर भारी वस्तु, दूसरी ओर हल्की रखें।

देखिए — आप कम ताकत में भारी चीज़ उठा पाएंगे!

क्यों?

यह है लीवर — जो बल को संतुलित करके काम आसान बनाता है।

चित्र: स्केल-झूला पर रखे वजन।

प्रयोग 2: “पुली कैसे वजन उठाती है?”

सामग्री:

धागा

छोटा रोलर (या पेंसिल)

वजन

करें:

रोलर को ऊँचाई पर टाँगिए।

धागा उसमें डालकर एक सिरा नीचे खींचिए।

- आप भारी वस्तु को कम ताकत में उठा पाएंगे।

** क्यों?
पुली (Pulley) बल की दिशा बदल देती है।

चित्र: रोलर में धागा खींचता बच्चा।

प्रयोग 3: "ढलान की शक्ति"

सामग्री:
एक तख़्ता

खिलौना कार

किताबें

करें:
किताबों पर तख़्ता टिकाकर ढलान बनाइए।

खिलौना कार को ऊपर-नीचे चलाइए।

** क्यों?
ढलान (Inclined Plane) चीज़ें उठाने में कम ताकत लगाता है।

चित्र: खिलौना कार रैंप पर चलती हुई।

प्रयोग 4: "कील का काम"

सामग्री:
चाकू या शार्प कील

मिट्टी का टुकड़ा

करें:
चाकू या कील को मिट्टी में लगाइए।

देखें — पतला सिरा आसानी से भीतर चला जाता है।

क्यों?
कील या चाकू नुकीले सिरे से बल केंद्रित करता है।
- यही उसे काटने योग्य बनाता है।

चित्र: मिट्टी में धँसती कील।

प्रयोग 5: "पेंच कैसे काम करता है?"
सामग्री:
बोतल

ढक्कन

करें:
ढक्कन को घुमाकर बंद करें।

अब खोलने में थोड़ा बल लगाइए।

** क्यों?
पेंच (Screw) घुमावदार ढलान होता है —
जो कम बल में चीज़ें कसता है।

चित्र: बच्चा बोतल खोलते हुए।

वास्तविक जीवन में मशीनों का उपयोग:

उपकरण	मशीनें	काम
साइकिल	लीवर, पहिया	दूरी तय करना

लिफ्ट	पुली	वजन उठाना
कटर	लीवर, कील	काटना
बोतल	ओपनर लीवर	ढक्कन खोलना

** सोचिए और बताइए:

1 अगर पहिए न होते, तो यात्रा कैसी होती?

2 क्या मशीनें हमारी ताकत बढ़ाती हैं या कम करती हैं?

3 पुली किस दिशा में बल बदलती है?

गतिविधि: "मेरा यंत्र चार्ट"

प्रयोग	यंत्र	कार्य
स्केल झूला	लीवर	बल संतुलन
रोलर	पुली	दिशा बदलना
ढलान	रैंप	उठाना आसान
कील	वेज	काटना
बोतल ढक्कन	स्क्रू	जोड़ना

** चित्र विवरण:

* स्केल-झूला पर रखे वजन

- रोलर पुली में धागा
- खिलौना कार रैंप पर
- मिट्टी में धँसती कील

* बोतल का ढक्कन

स्केल-झूला पर रखे वजन

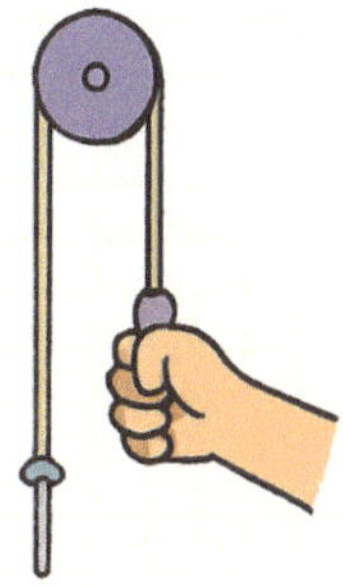

रोलर पुली में धागा

खिलोंना कार रैंप पर

मिट्टी में धंसती कील

छोटा क्विज़:

	प्रश्न	उत्तर
1	लीवर क्या करता है?	बल संतुलित करता है
2	पुली किस दिशा में बल बदलती है?	ऊपर-नीचे
3	ढलान क्यों काम आता है?	भारी चीज़ें उठाने में
4	कील का काम क्या है?	काटना
5	स्क्रू क्या है?	घुमावदार ढलान

**** सारांश:**

विषय	सीख
लीवर	कम बल में अधिक काम
पुली	दिशा बदलती है
पहिया	दूरी घटाता है
कील	काटने में मदद
स्क्रू	जोड़ता है

“क्या सीखा”:
मशीनें इंसान के विचार की ताकत हैं।
जब हम सोचते हैं, तो चीज़ें आसान बन जाती हैं —
यही है विज्ञान की असली ताकत।

** प्रेरक वाक्य:

“जिसने मशीन बनाई, उसने मेहनत नहीं छोड़ी —
उसने उसे समझदारी से आसान किया।”

***

अध्याय 25: बिजली और चुंबक का मेल — इलेक्ट्रोमैग्नेटिज्म का खेल

सीखने का उद्देश्य:

यह समझना कि बिजली और चुंबक आपस में कैसे जुड़े हैं,
और कैसे मिलकर वे मोटर, घंटी, पंखा और जनरेटर जैसे उपकरणों को चलाते हैं।

परिचय:

क्या आपने कभी सोचा है —

- मोटर घूमती क्यों है?
- घंटी बजती कैसे है?
- पंखा हवा कैसे देता है?

इन सबका रहस्य है — इलेक्ट्रोमैग्नेटिज्म (Electromagnetism)।

जब बिजली किसी तार या कुंडल (Coil) में बहती है,
तो वह चुंबक बन जाती है।
और जब चुंबक को हिलाया जाता है,
तो वह बिजली पैदा कर सकता है।

यानी — बिजली से चुंबक,
और चुंबक से बिजली!

** याद रखें:

"बिजली और चुंबक — दो दोस्त हैं,
जो मिलकर हर मशीन को चलाते हैं।"

प्रयोग 1: "बिजली से चुंबक"

सामग्री:

एक लोहे की कील

पतला तार (ताँबे का)

बैटरी

कुछ पेपर क्लिप्स

करें:
तार को कील के चारों ओर लपेटें।

तार के दोनों सिरे बैटरी से जोड़ें।

अब कील को पेपर क्लिप्स के पास ले जाएँ।

देखिए — क्लिप्स चिपक जाएँगी!

क्यों?
क्योंकि बिजली के बहने से कील चुंबक बन गई।

- इसे कहते हैं इलेक्ट्रोमैग्नेट (Electromagnet)।

चित्र: बच्चा बैटरी से जुड़ी कील उठाता हुआ।

प्रयोग 2: "बिजली बंद तो चुंबक गायब!"
करें:
ऊपर वाले प्रयोग में बैटरी का तार निकाल दीजिए।

कील से क्लिप्स गिर जाएँगी।

क्यों?
क्योंकि बिजली के बिना चुंबकीय बल खत्म हो जाता है।

- इलेक्ट्रोमैग्नेट तभी काम करता है जब उसमें धारा (Current) बहे।

चित्र: बिजली बंद होने पर क्लिप्स गिरती हुईं।

प्रयोग 3: "घंटी कैसे बजती है?"

सामग्री:
छोटा इलेक्ट्रोमैग्नेट (पहला प्रयोग)

धातु की पट्टी

बैटरी

करें:
धातु की पट्टी को इलेक्ट्रोमैग्नेट के पास रखें।

जब बिजली चलेगी — चुंबक पट्टी को खींचेगा।

जैसे ही पट्टी चुंबक को छुएगी, सर्किट टूटेगा और आवाज़ आएगी।

- **यही सिद्धांत इलेक्ट्रिक बेल (Electric Bell) का है।**

चित्र: बैटरी और चुंबक से बजती घंटी।

प्रयोग 4: "मोटर कैसे घूमती है?"
सामग्री:
तार की छोटी कुंडली

बैटरी

चुंबक

करें:
तार को गोल कुंडली बनाकर चुंबक के पास रखें।

तार को बैटरी से जोड़ें।

देखें — कुंडली घूमने लगेगी!

क्यों?

बिजली बहने पर चुंबकीय क्षेत्र बनता है,
जो चुंबक से धक्का या आकर्षण पाकर घूमता है।

- यही है इलेक्ट्रिक मोटर का आधार।

चित्र: घूमती हुई तार की कुंडली।

प्रयोग 5: "चुंबक से बिजली"

सामग्री:
तार की कुंडली

छोटा चुंबक

LED बल्ब

करें:
चुंबक को कुंडली के अंदर आगे-पीछे हिलाइए।

देखें — LED जल उठेगी!

क्यों?

चुंबक की गति से तार में विद्‌युत धारा उत्पन्न होती है।

- यही है जनरेटर (Generator) का सिद्धांत।

चित्र: चुंबक से जलती LED।

** इलेक्ट्रोमैग्नेटिज्म का उपयोग:

उपकरण	उपयोग
इलेक्ट्रिक बेल	चुंबक से खिंचाव और आवाज़
मोटर	घूमने की गति
जनरेटर	बिजली बनाना
मैग्नेटिक लॉक	सुरक्षा प्रणाली
MRI मशीन	मेडिकल स्कैनिंग

** सोचिए और बताइए:

1 क्या बिजली के बिना चुंबक काम करेगा?
2 अगर चुंबक हिलता रहे, तो क्या वह हमेशा बिजली देगा?
3 क्या हमारा पंखा इलेक्ट्रोमैग्नेट से चलता है?

गतिविधि: "मेरा इलेक्ट्रोमैग्नेट चार्ट"

प्रयोग	क्या देखा	क्या सीखा
कील चुंबक बनी	क्लिप्स चिपकीं	बिजली से चुंबक बना
बैटरी निकली	क्लिप्स गिरीं	धारा रुकने पर बल खत्म
घंटी	आवाज़ आई	चुंबकीय खिंचाव
मोटर	कुंडली घूमी	चुंबक से धक्का
चुंबक और LED	रोशनी जली	चुंबक से बिजली

** चित्र विवरण:
* कील से उठती क्लिप्स

- बिजली बंद तो क्लिप्स गिरतीं
- चुंबक से बजती घंटी
- घूमती कुंडली
- चुंबक से जलती LED

** छोटा क्विज़:

	प्रश्न	उत्तर
1	बिजली से चुंबक कैसे बनता है?	तार में धारा बहाने से
2	चुंबक से बिजली कैसे बनती है?	उसे हिलाने से
3	मोटर में क्या घूमता है?	तार की कुंडली
4	घंटी क्यों बजती है?	चुंबक धातु को खींचता है

** सारांश:

विषय	सीख
इलेक्ट्रोमैग्नेट	बिजली से बना चुंबक
धारा	बल उत्पन्न करती है
चुंबक	बिजली पैदा कर सकता है
मोटर	चुंबकीय बल से घूमती है
घंटी	चुंबक और बिजली का मेल

"क्या सीखा":

बिजली और चुंबक,
दोनों मिलकर आधुनिक विज्ञान के हृदय हैं।
जब ये एक साथ काम करते हैं,

तो दुनिया घूमती है — सचमुच!

**** प्रेरक वाक्य:**

“जब विचार और विज्ञान मिलते हैं,
तो चुंबक और बिजली भी नाच उठते हैं।”

***

🌿 अध्याय 26: पर्यावरण का विज्ञान — पृथ्वी को बचाने के प्रयोग

🍎 सीखने का उद्देश्य:
यह समझना कि हमारा पर्यावरण (Environment) क्या है,
यह कैसे काम करता है,
और हम अपने आसपास की हवा, पानी, पेड़ और मिट्टी को
कैसे बचा सकते हैं। 🌱 ●

🌱 परिचय:
क्या आपने कभी सोचा है —
🌳 अगर पेड़ न हों तो हम सांस कैसे लेंगे?
💧 अगर पानी खत्म हो जाए तो जीवन कैसा होगा?
🏭 अगर हवा गंदी हो जाए तो क्या हम स्वस्थ रह पाएंगे?

👉 यही सोच हमें पर्यावरण के विज्ञान तक ले जाती है।

पर्यावरण का मतलब है —
हमारे चारों ओर की हवा, जल, भूमि, पौधे, जानवर और मनुष्य।
अगर हम इसे संतुलित रखें,
तो जीवन स्वस्थ और सुंदर रहेगा।

💡 याद रखें:
"धरती हमारी नहीं,
हम धरती के हैं।" ●

🧪 प्रयोग 1: "पेड़ हवा को कैसे साफ करते हैं?" 🌳
सामग्री:
एक पत्ती

सफेद पेपर

पत्थर या क्लिप

करें:
पत्ती को पेपर पर रखकर 2 दिन धूप में छोड़ें।

फिर पत्ती हटाइए — नीचे सफेद हिस्सा साफ रहेगा, बाकी पेपर पर धूल जमी होगी।

💡 क्यों?
पत्तियाँ हवा से धूल और कार्बन सोख लेती हैं।
👉 पेड़ हवा को शुद्ध बनाते हैं।

🎨 चित्र: पेपर पर पत्ती का साफ निशान।

✏️ प्रयोग 2: "पानी गंदा कैसे होता है?" 💧
सामग्री:
एक गिलास साफ पानी

मिट्टी, तेल, और रंग

करें:
इन सबको पानी में डालें और मिलाएँ।

पानी गंदा हो जाएगा।

💡 क्यों?
यह दिखाता है कि गंदगी, तेल और प्लास्टिक पानी को प्रदूषित कर देते हैं।

🎨 चित्र: गंदे और साफ पानी की तुलना।

✏️ प्रयोग 3: "पानी कैसे साफ करें?" 💦
सामग्री:
मिट्टी वाला पानी

कपड़ा

छोटा फिल्टर या छन्नी

करें:
गंदे पानी को कपड़े से छानिए।

मिट्टी रुक जाएगी, साफ पानी नीचे आएगा।

💡 क्यों?
यह दिखाता है कि फिल्टर या पौधे पानी को शुद्ध कर सकते हैं।
👉 यही तरीका प्रकृति भी अपनाती है — वर्षा जल शुद्धिकरण।

🎨 चित्र: कपड़े से छना हुआ पानी।

🧪 प्रयोग 4: "धूप से ऊर्जा बनाओ" 🌞
सामग्री:
छोटा सोलर कैलकुलेटर

धूप

करें:
कैलकुलेटर को धूप में रखें — चालू होगा।

अब उसे छाया में रखें — बंद हो जाएगा।

💡 क्यों?
सूरज की किरणें सौर ऊर्जा (Solar Energy) देती हैं,
जो बिजली का काम करती हैं।

🎨 चित्र: बच्चा सोलर कैलकुलेटर से काम करता हुआ।

🧪 प्रयोग 5: "कचरे को फिर से काम में लाओ" ♻
सामग्री:

पुरानी बोतल

मिट्टी

पौधे की डाल

करें:
बोतल को काटकर उसमें मिट्टी भरिए।

उसमें पौधा लगाइए।

🎉 अब बोतल कचरा नहीं, एक हरा गमला बन गई!

💡 क्यों?
यह है रीसायक्लिंग (Recycling) —
जहाँ हम पुरानी चीज़ों को नए रूप में इस्तेमाल करते हैं।

🎨 चित्र: प्लास्टिक बोतल से बना पौधा गमला।

🌿 पर्यावरण के 3 नियम (3R Principle):

क्रम	सिद्धांत	अर्थ
♻ ■ Reduce	कम इस्तेमाल करें	जैसे — पानी बचाएँ
■ ■ Reuse	बार-बार इस्तेमाल करें	बोतल, थैली
■ ■ Recycle	नया रूप दें	पुराने सामान से नया काम

🎨 चित्र: 3R चक्र का चित्र।

● प्रदूषण के प्रकार और प्रभाव:

प्रदूषण	कारण	असर
🏭 वायु	धुआँ, वाहन	साँस की समस्या
💧 जल	गंदगी, प्लास्टिक	बीमारियाँ
🌱 मिट्टी	रासायनिक खाद	जमीन की हानि
🔊 ध्वनि	शोर	मानसिक तनाव

🌱 पर्यावरण के रक्षक बनें:
- पेड़ लगाइए 🌳
- पानी बचाइए 💧
- बिजली कम खर्च करें ⚡
- कचरा अलग-अलग रखें ♻
- धुआँ और शोर कम करें 🚗

🔍 सोचिए और बताइए:
- अगर पेड़ खत्म हो जाएँ तो क्या होगा?
- क्या सिर्फ सरकार पर्यावरण बचा सकती है?
- क्या एक बच्चा भी धरती की मदद कर सकता है?

💡 उत्तर: हाँ, हर बच्चा एक ग्रीन हीरो बन सकता है! 🌟

✏ गतिविधि: "मेरा ग्रीन डायरी"

प्रयोग	क्या देखा	क्या सीखा
पत्ती और पेपर	हवा शुद्ध	पेड़ धूल रोकते हैं
गंदा पानी	धुंधला हुआ	प्रदूषण खतरनाक
छानना	साफ पानी	फिल्टर उपयोगी
धूप में कैलकुलेटर	चालू	सौर ऊर्जा
बोतल गमला	सुंदर पौधा	रीसायक्लिंग

🎨 चित्र विवरण:

🌳 पेपर पर साफ पत्ती निशान

💧 गंदे और साफ पानी की तुलना

🌞 धूप से चलने वाला कैलकुलेटर

♻ बोतल में लगा पौधा

● **3R चक्र**

✱ छोटा क्विज़:

प्रश्न	उत्तर
■ पेड़ हवा क्यों साफ करते हैं?	धूल और गैसें सोखते हैं
■ पानी क्यों गंदा होता है?	तेल, मिट्टी, कचरा
■ सौर ऊर्जा क्या है?	सूरज की शक्ति
■ 3R क्या हैं?	Reduce, Reuse, Recycle

सारांश:

विषय	सीख
पेड़	हवा शुद्ध करते हैं
पानी	गंदगी से प्रदूषित होता है
सौर ऊर्जा	पर्यावरण मित्र
रीसायक्लिंग	चीजों का पुनः उपयोग

■ "क्या सीखा":

पर्यावरण हमें जीवन देता है,
और हमारा हर छोटा कदम उसे बचा सकता है।

पेड़ लगाना, पानी बचाना और हवा को स्वच्छ रखना —
यही सच्चा विज्ञान है। 🌿 🌼

🌟 प्रेरक वाक्य:

“धरती हमें नहीं चाहिए,
धरती को हमारी ज़रूरत है।” 🖤 🌍

🚀 अध्याय 27: आकाश की यात्रा — रॉकेट, उपग्रह और अंतरिक्ष विज्ञान

🎯 सीखने का उद्देश्य:
यह समझना कि रॉकेट कैसे उड़ते हैं,
उपग्रह (Satellite) क्या करते हैं,
और अंतरिक्ष विज्ञान (Space Science) कैसे हमें ब्रह्मांड की खोज में मदद करता है। ■

🌱 परिचय:
क्या आपने कभी सोचा है —
🚀 रॉकेट ऊपर कैसे उड़ता है?
🛰 उपग्रह आकाश में कैसे घूमते रहते हैं?
👨‍🚀 अंतरिक्ष यात्री (Astronaut) हवा के बिना कैसे रहते हैं?

👉 इन सभी रहस्यों का उत्तर है — अंतरिक्ष विज्ञान!

अंतरिक्ष (Space) एक विशाल, अनंत क्षेत्र है —
जहाँ कोई हवा, आवाज़ या गुरुत्वाकर्षण नहीं होता।
फिर भी वहाँ घूमते हैं ग्रह, तारे, उपग्रह और रॉकेट —
और मानव ने इन्हें समझने की अद्भुत कला सीखी है।

💡 याद रखें:
"जहाँ कल्पना खत्म होती है,
वहीं से अंतरिक्ष विज्ञान शुरू होता है।" ■

🖊 प्रयोग 1: "रॉकेट कैसे उड़ता है?" 🚀
सामग्री:
गुब्बारा

स्ट्रॉ

धागा

करें:
धागे को लंबाई में बाँधें और उसमें स्ट्रॉ डालें।

स्ट्रॉ पर गुब्बारा टेप करें (मुँह पीछे की ओर)।

गुब्बारे में हवा भरें और छोड़ दें।

🚀 गुब्बारा आगे की ओर उड़ जाएगा!

💡 क्यों?
हवा पीछे की ओर निकली और गुब्बारा आगे बढ़ा —
👉 यही है न्यूटन का तृतीय नियम (क्रिया-प्रतिक्रिया),
जो हर रॉकेट की उड़ान का आधार है।

🎨 चित्र: धागे पर उड़ता हुआ गुब्बारा रॉकेट।

🧪 प्रयोग 2: "गुरुत्वाकर्षण की कमी" 🪐
सामग्री:
एक पत्थर और एक कागज़ का टुकड़ा

करें:
दोनों को एक साथ गिराइए।

पत्थर पहले गिरेगा, कागज़ बाद में।

अब कागज़ को मोड़कर गिराइए — दोनों साथ गिरेंगे।

💡 क्यों?
अंतरिक्ष में हवा नहीं होती,
इसलिए वहाँ सब चीज़ें एक समान गति से गिरती हैं।
👉 इसे कहते हैं शून्य गुरुत्वाकर्षण (Zero Gravity)।

🎨 चित्र: मोड़ा हुआ कागज़ और पत्थर साथ गिरते हुए।

✏ प्रयोग 3: “उपग्रह कैसे घूमते रहते हैं?” 🛰

सामग्री:
एक गेंद

धागा

करें:
गेंद को धागे से बाँधिए।

उसे गोल-गोल घुमाइए।

● गेंद गोल घूमती रहेगी।

💡 क्यों?
धागा उसे केन्द्र की ओर खींचता है —
जैसे पृथ्वी उपग्रहों को अपने चारों ओर बाँधकर रखती है।
👉 इसे कहते हैं केंद्रीय बल (Centripetal Force)।

🎨 चित्र: बच्चा गेंद को घुमाता हुआ।

✏ प्रयोग 4: “पृथ्वी घूमती है” ●

सामग्री:
एक ग्लोब

टॉर्च (सूरज की रोशनी)

करें:
ग्लोब पर टॉर्च डालें — आधा भाग रोशन, आधा अंधेरा रहेगा।

ग्लोब को धीरे-धीरे घुमाइए।

💡 क्यों?
जैसे ही पृथ्वी घूमती है,
एक भाग पर सूरज की रोशनी आती है (दिन),

दूसरे भाग में अंधेरा होता है (रात)।

🎨 चित्र: टॉर्च से आधा रोशन ग्लोब।

✏️ प्रयोग 5: "अपना मिनी रॉकेट बनाओ" 🎈

सामग्री:
छोटा प्लास्टिक कप

रबर बैंड

स्ट्रॉ

करें:
कप के तले में छेद करें।

रबर बैंड डालें और स्ट्रॉ को उसमें फँसाएँ।

स्ट्रॉ को पीछे खींचें और छोड़ दें —
कप ऊपर उड़ जाएगा!

💡 क्यों?
रबर बैंड की खिंचाव शक्ति बल (Force) देती है,
जिससे कप रॉकेट की तरह उड़ता है।

🎨 चित्र: रबर बैंड से उड़ता कप रॉकेट।

■ अंतरिक्ष के प्रमुख तत्व:

तत्व	विवरण
☀ सूर्य	सबसे बड़ा तारा, ऊर्जा का स्रोत
● पृथ्वी	जीवन का घर
● चाँद	पृथ्वी का उपग्रह
🪐 ग्रह	सूर्य के चारों ओर घूमते हैं
■ तारे	स्वयं प्रकाश उत्सर्जित करते हैं
🛰 उपग्रह	जानकारी भेजते हैं

■ भारत की अंतरिक्ष यात्रा:

मिशन	वर्ष	उद्देश्य
आर्यभट्ट	1975	पहला भारतीय उपग्रह
चंद्रयान-1	2008	चाँद पर जल की खोज
मंगलयान	2013	मंगल की कक्षा में प्रवेश
चंद्रयान-3	2023	दक्षिणी ध्रुव पर उतरने वाला मिशन

चित्र: चंद्रयान और भारतीय झंडा। IN

■ अंतरिक्ष यात्री के अनुभव:
- हवा नहीं, इसलिए ऑक्सीजन टैंक जरूरी।
- खाना पाउडर या पैक रूप में।
- पानी रिसाइक्लिंग से मिलता है।
- शरीर तैरता है — क्योंकि गुरुत्व नहीं होता।

चित्र: अंतरिक्ष में तैरता अंतरिक्ष यात्री।

सोचिए और बताइए:
- अगर गुरुत्वाकर्षण न हो, तो क्या होगा?
- रॉकेट को उड़ने के लिए इतनी ऊर्जा क्यों चाहिए?
- क्या उपग्रह हमेशा पृथ्वी के ऊपर रहते हैं?

गतिविधि: "मेरा अंतरिक्ष चार्ट"

प्रयोग	क्या देखा	क्या सीखा
गुब्बारा रॉकेट	आगे उड़ गया	क्रिया-प्रतिक्रिया
गिरता पत्थर	समान गति	शून्य गुरुत्व
गेंद और धागा	घूमती रही	केंद्र बल
ग्लोब	दिन-रात	पृथ्वी घूमती है
कप रॉकेट	उड़ गया	बल से उड़ान

चित्र विवरण:
- गुब्बारा रॉकेट उड़ता हुआ

- पत्थर और कागज़ का गिरना
- गेंद धागे से घूमती हुई
- टॉर्च से रोशन ग्लोब
- अंतरिक्ष में तैरता यात्री

छोटा क्विज़:

प्रश्न	उत्तर
रॉकेट कैसे उड़ता है?	क्रिया-प्रतिक्रिया से
उपग्रह कैसे घूमते हैं?	केंद्र बल से
अंतरिक्ष में हवा होती है?	नहीं
भारत का पहला उपग्रह कौन-सा था?	आर्यभट्ट
शून्य गुरुत्व क्या है?	वजनहीन स्थिति

सारांश:

विषय	सीख
रॉकेट	हवा को पीछे धकेलकर उड़ता है
उपग्रह	पृथ्वी के चारों ओर घूमते हैं
गुरुत्वाकर्षण	खिंचाव शक्ति

अंतरिक्ष	हवा रहित विशाल क्षेत्र
भारत	चंद्रयान और मंगलयान मिशन

■ "क्या सीखा":
अंतरिक्ष हमें सिखाता है —
आसमान सीमा नहीं, एक शुरुआत है।
जब विज्ञान और कल्पना मिलते हैं,
तो इंसान धरती से ऊपर उड़ सकता है। 🚀 ■

🌟 प्रेरक वाक्य:

"सितारों तक पहुँचने के लिए
पहले खुद पर विश्वास करना पड़ता है।" ■

☼ अध्याय 28: ऊर्जा के रूप — रोशनी, गर्मी और गति का विज्ञान

🍎 सीखने का उद्देश्य:
यह समझना कि ऊर्जा (Energy) क्या है,
यह कैसे रूप बदलती है,
और कैसे यह हर काम का आधार है —
चाहे वो प्रकाश हो, गर्मी हो या गति।

🌱 परिचय:
क्या आपने कभी सोचा है —
🌞 सूरज हमें रोशनी और गर्मी क्यों देता है?
🚴 साइकिल चलाने पर शरीर थकता क्यों है?
💡 बल्ब जलाने के लिए बिजली क्यों चाहिए?

👉 इन सबका उत्तर है — ऊर्जा!

ऊर्जा ही जीवन है —
यह हर गति, ध्वनि, प्रकाश और ताप का स्रोत है।
बिना ऊर्जा के कुछ भी नहीं चलता —
न पंखा, न कार, न शरीर, न सूरज।

💡 याद रखें:
"ऊर्जा कभी खत्म नहीं होती,
यह बस एक रूप से दूसरे रूप में बदलती रहती है।" ♻ ⚡

⚙ ऊर्जा के प्रकार:

प्रकार	उदाहरण	स्रोत
☼ प्रकाश ऊर्जा	सूरज की रोशनी	सूर्य
🔥 ऊष्मा ऊर्जा	आग, चूल्हा	ईंधन
⚡ विद्युत ऊर्जा	बल्ब, पंखा	बिजली
🌀 गति ऊर्जा (Kinetic)	दौड़ना, हवा	चलती वस्तु
🪨 स्थितिज ऊर्जा (Potential)	ऊँचाई पर रखी गेंद	स्थिर वस्तु
💧 रासायनिक ऊर्जा	बैटरी, भोजन	पदार्थों में

✏ प्रयोग 1: "ऊर्जा रूप बदलती है" 🔋

सामग्री:

बैटरी

बल्ब

तार

करें:

तार से बैटरी और बल्ब को जोड़िए।

बल्ब जल उठेगा।

💡 क्यों?

बिजली (Electrical Energy)
→ प्रकाश (Light Energy) + गर्मी (Heat Energy) में बदल गई।

🎨 चित्र: बैटरी से जलता बल्ब।

✏ प्रयोग 2: "सूरज की गर्मी" ☀ 💧

सामग्री:

काला और सफेद कागज़

थर्मामीटर (या हाथ से महसूस करें)

करें:

दोनों कागज़ धूप में रखें।

कुछ देर बाद छुएँ — काला ज्यादा गर्म होगा।

💡 क्यों?

काला रंग अधिक ऊष्मा अवशोषित (Absorb) करता है।
👉 यही कारण है कि गर्मियों में हल्के रंग के कपड़े पहनने चाहिए।

🎨 चित्र: धूप में रखे दो रंगीन कागज़।

🖍 प्रयोग 3: “गति ऊर्जा से काम” 🌀

सामग्री:
खिलौना कार

ढलान वाला तख्ता

करें:
कार को ऊपर रखिए और छोड़ दीजिए।

वह नीचे आकर तेज़ी से दौड़ेगी।

💡 क्यों?
ऊँचाई पर रखी कार में स्थितिज ऊर्जा (Potential Energy) थी, जो नीचे आते ही गति ऊर्जा (Kinetic Energy) बन गई।

🎨 चित्र: रैंप पर चलती खिलौना कार।

🖍 प्रयोग 4: “ध्वनि में ऊर्जा” 🔊

सामग्री:
एक टेबल

दो प्लास्टिक कप

धागा

करें:
धागे से दो कप जोड़िए (जैसे टेलीफोन)।

एक कप में बोलिए — दूसरे में सुनिए।

💡 क्यों?

ध्वनि कंपन (Vibration) से चलती है,
जो हवा या धागे के माध्यम से ऊर्जा ले जाती है।
🎨 चित्र: बच्चे कप से “सुन-सुन” खेलते हुए।

✏️ प्रयोग 5: “ऊर्जा से गर्मी” 🔥

सामग्री:
एक बल्ब

बैटरी

करें:
बल्ब को जलाइए और 1 मिनट बाद छुएँ।

बल्ब गरम हो जाएगा।

💡 क्यों?
विद्‌युत ऊर्जा → प्रकाश + ऊष्मा में बदल गई।
👉 यही सिद्धांत हीटर, इस्तरी और ओवन में काम करता है।

🎨 चित्र: बल्ब जलकर गर्म होता हुआ।

⚡ ऊर्जा परिवर्तन के उदाहरण:

स्रोत	रूपांतरण
💡 बल्ब	विद्‌युत → प्रकाश + ऊष्मा
🔋 बैटरी	रासायनिक → विद्‌युत
🚗 कार	ईंधन → यांत्रिक
🌞 सूरज	परमाणु → प्रकाश + ऊष्मा
🌬️ पवन चक्की	हवा → यांत्रिक → विद्‌युत

🔍 सोचिए और बताइए:
⬛ क्या ऊर्जा बन सकती है या खत्म हो सकती है?
⬛ सूरज की रोशनी में कितनी तरह की ऊर्जा है?
⬛ क्या आवाज़ भी ऊर्जा का रूप है?

गतिविधि: “मेरा ऊर्जा चार्ट”

प्रयोग	ऊर्जा का रूप	परिवर्तन
बैटरी और बल्ब	विद्‌युत	प्रकाश + ऊष्मा
काला कागज़	प्रकाश	ऊष्मा
खिलौना कार	स्थितिज	गतिज
कप फोन	ध्वनि	कंपन
बल्ब गरम	विद्‌युत	ऊष्मा

चित्र विवरण:

बैटरी से जलता बल्ब

धूप में रखा काला-सफेद कागज़

ढलान पर दौड़ती कार

कप फोन से बातें करते बच्चे

बल्ब से निकली गर्मी

✱ छोटा क्विज़:

प्रश्न	उत्तर
■ ऊर्जा क्या है?	काम करने की शक्ति
■ सूरज कौन-सी ऊर्जा देता है?	प्रकाश और ऊष्मा

■ गति ऊर्जा कब बनती है? जब चीज़ें चलती हैं
■ क्या ध्वनि ऊर्जा है? हाँ
■ क्या ऊर्जा खत्म होती है? नहीं, रूप बदलती है

सारांश:

विषय	सीख
ऊर्जा	हर काम की शक्ति
परिवर्तन	एक रूप से दूसरा
सूरज	सबसे बड़ा स्रोत
प्रकाश	रोशनी और गर्मी देता है
गति	वस्तु को चलाती है

■ **"क्या सीखा":**

ऊर्जा हर जगह है —
रोशनी में, हवा में, भोजन में, हमारी हर सांस में।
जब हम इसे समझते हैं,
हम जीवन के हर काम को नियंत्रित करना सीखते हैं।

प्रेरक वाक्य:

"ऊर्जा न देखी जाती है, न पकड़ी जाती है —
बस महसूस की जाती है।"

🎶 अध्याय 29: ध्वनि का जादू — कंपन, तरंगें और संगीत का विज्ञान

🎯 **सीखने का उद्देश्य:**
यह समझना कि ध्वनि (Sound) क्या है,
यह कैसे बनती है, कैसे चलती है,
और कैसे संगीत में भी विज्ञान का सुंदर संगम है। 🎻

🌱 परिचय:
क्या आपने कभी सोचा है —
🎤 हमारी आवाज़ निकलती कैसे है?
🥁 ढोल बजाने पर आवाज़ क्यों होती है?
🌊 पानी में कंकड़ फेंकने पर लहरें क्यों बनती हैं?

👉 इन सबका उत्तर है — कंपन (Vibration) और तरंगें (Waves)।

जब कोई वस्तु कंपित (Vibrate) होती है,
तो हवा में तरंगें (Sound Waves) बनती हैं,
जो हमारे कानों तक पहुँचकर आवाज़ बन जाती हैं।

💡 याद रखें:
"हर आवाज़, हर संगीत —
कंपन की कहानी है।" 🎶💫

🧪 **प्रयोग 1: "कंपन से आवाज़"** 🥁
सामग्री:
एक रबर बैंड

खाली डिब्बा या गिलास

करें:
रबर बैंड को डिब्बे के ऊपर बाँधें।

उसे उँगली से झटका दें।

सुनिए — “ट्वैंग!” जैसी आवाज़ आएगी।

क्यों?
रबर बैंड कंपित (Vibrate) हुआ,
जिससे ध्वनि तरंगें बनीं।

चित्र: बच्चा रबर बैंड झटकारते हुए।

प्रयोग 2: “कप टेलीफोन”

सामग्री:
दो प्लास्टिक कप

धागा

करें:
कपों के तले में छेद करें।

धागे से जोड़कर खींचकर तान दें।

एक कप में बोलिए — दूसरे में सुनिए।

क्यों?
आवाज़ कप से धागे में कंपन के रूप में चलती है।
जब धागा ढीला होता है, आवाज़ नहीं पहुँचती।

चित्र: दो बच्चे कप-टेलीफोन से बातें करते हुए।

प्रयोग 3: “ढोल और चावल”

सामग्री:
एक स्टील प्लेट

थोड़ा चावल

करें:
प्लेट पर चावल डालें।

प्लेट के पास ताली बजाएँ।

🍎 चावल उछलने लगेंगे!

💡 क्यों?
ताली की आवाज़ से हवा में कंपन (Vibration) हुआ,
जो प्लेट तक पहुँचा और चावल को हिलाया।

🎨 चित्र: प्लेट पर उछलते चावल।

✏ प्रयोग 4: "पानी में ध्वनि" 💧

सामग्री:
एक घंटी या चम्मच

धागा

पानी का बर्तन

करें:
चम्मच को धागे से बाँधकर पानी में डुबोएँ।

धागा कान से लगाकर बजाएँ।

🍎 आपको पानी के भीतर "गूँज" सुनाई देगी।

💡 क्यों?
ध्वनि पानी में भी तरंगों के रूप में चलती है,
और पानी में यह हवा से तेज़ गति से चलती है।

🎨 चित्र: बच्चा पानी में चम्मच बजाता हुआ।

प्रयोग 5: "लंबी और छोटी कंपन"

सामग्री:
दो अलग लंबाई के रबर बैंड

डिब्बा

करें:
दोनों रबर बैंड बाँधें।

उन्हें एक-एक बार झटकारें।

छोटा बैंड तेज़, पतली आवाज़ देगा,
लंबा बैंड धीमी और मोटी आवाज़ देगा।

क्यों?
आवाज़ की ऊँचाई (Pitch) कंपन की गति (Frequency) पर निर्भर करती है।

चित्र: दो अलग लंबाई के बैंड से निकलती अलग आवाज़ें।

ध्वनि का विज्ञान:

शब्द	अर्थ
कंपन (Vibration)	आवाज़ का स्रोत
तरंग (Wave)	कंपन की यात्रा
पिच (Pitch)	आवाज़ की ऊँचाई
वॉल्यूम (Volume)	आवाज़ की तीव्रता
गूँज (Echo)	परावर्तन से लौटती आवाज़

संगीत का विज्ञान:
जब कोई वाद्य यंत्र (Instrument) बजता है,
तो उसमें संगठित कंपन (Regular Vibrations) होते हैं —
जो हमारे कानों को सुखद लगते हैं —
यही है संगीत (Music)।

🐮 जबकि अव्यवस्थित कंपन (Irregular Vibrations)
👉 बनाते हैं शोर (Noise)।

🎨 चित्र: गिटार और ढोल में कंपन तरंगें।

🔍 सोचिए और बताइए:
⬛ क्या हम बिना कंपन के आवाज़ निकाल सकते हैं?
⬛ क्यों गाना मधुर लगता है, लेकिन हॉर्न शोर करता है?
⬛ क्या अंतरिक्ष में आवाज़ सुनाई देगी? (संकेत: वहाँ हवा नहीं होती ⬛)

✏️ गतिविधि: "मेरा ध्वनि चार्ट"

प्रयोग	क्या देखा	क्या सीखा
रबर बैंड	आवाज़ बनी	कंपन से ध्वनि
कप फोन	आवाज़ पहुँची	तरंग धागे से चली
प्लेट और चावल	चावल हिले	कंपन दिखे
पानी में चम्मच	गूँज	ध्वनि पानी में चलती है
दो बैंड	अलग आवाज़	लंबाई से पिच बदलती है

🎨 चित्र विवरण:
🏆 रबर बैंड से निकली ध्वनि

☎️ कप-टेलीफोन में बातें

⚫ प्लेट पर उछलते चावल

💧 पानी में गूँज

🎸 लंबा और छोटा बैंड

✱ छोटा क्विज़:

	प्रश्न	उत्तर
■	ध्वनि कैसे बनती है?	कंपन से
■	क्या पानी में आवाज़ जाती है?	हाँ
■	क्या अंतरिक्ष में आवाज़ होगी?	नहीं
■	पिच किस पर निर्भर करती है?	कंपन की गति
■	संगीत क्या है?	नियमित कंपन

● सारांश:

विषय	सीख
कंपन	ध्वनि का स्रोत
तरंग	ध्वनि की यात्रा

गूँज	आवाज़ का परावर्तन
पिच	ऊँचाई
संगीत	नियमित कंपन

■ "क्या सीखा":
ध्वनि सिर्फ सुनाई देने वाली चीज़ नहीं,
यह हर कंपन में छिपा विज्ञान है।
हमारी आवाज़, हमारे वाद्य, और हमारा वातावरण —
सब मिलकर प्रकृति का संगीत बनाते हैं। 🎵🌿

✸ प्रेरक वाक्य:

"हर दिल की अपनी लय होती है,
बस उसे सुनने की कला सीखनी होती है।" ❤🎶

❁ अध्याय 30: प्रकाश का जादू — परावर्तन, अपवर्तन और रंगों का खेल

🎯 सीखने का उद्देश्य:
यह समझना कि प्रकाश (Light) क्या है,
यह कैसे चलता, मुड़ता और लौटता है,
और कैसे सफेद रोशनी में छिपे हैं सात रंगों का इंद्रधनुष। 🌈

🌱 परिचय:
क्या आपने कभी सोचा है —
👀 हमें चीज़ें दिखती कैसे हैं?
❁ दर्पण में छवि बनती क्यों है?
🌈 बारिश के बाद आसमान में सात रंग क्यों दिखते हैं?

👉 इसका उत्तर है — प्रकाश का विज्ञान!

प्रकाश ऊर्जा का एक रूप है जो सीधी रेखा में चलता है।
जब यह किसी वस्तु से टकराता है, तो —

- या तो लौट जाता है (परावर्तन),
- या मुड़ जाता है (अपवर्तन),
- या टूटकर रंगों में बँट जाता है (विकिरण/Dispersion)।

💡 याद रखें:
"प्रकाश हमें सिर्फ दिखाता नहीं —
यह हमें समझने की शक्ति भी देता है।" ☼

✏ प्रयोग 1: "प्रकाश सीधी रेखा में चलता है" 🔦
सामग्री:
तीन कार्ड

एक सुई या पेंसिल

टॉर्च

करें:
तीनों कार्ड में एक-एक छेद करें।

उन्हें एक सीधी रेखा में रखिए।

टॉर्च की रोशनी पहले छेद से डालिए।

💣 जब तीनों छेद एक सीध में होंगे,
तो रोशनी गुजर जाएगी।

💡 क्यों?
प्रकाश हमेशा सीधी रेखा में चलता है।

🎨 चित्र: तीन छेदों से गुजरती टॉर्च की किरण।

✏️ प्रयोग 2: "दर्पण में छवि" 🪞

सामग्री:
दर्पण

वस्तु (जैसे पेंसिल)

करें:
पेंसिल को दर्पण के सामने रखिए।

उसमें प्रतिबिंब दिखाई देगा।

💡 क्यों?
प्रकाश वस्तु से टकराकर परावर्तित (Reflect) होता है,
और हमारी आँखों तक पहुँचता है।
👉 यही प्रतिबिंब (Image) है।

🎨 चित्र: दर्पण में दिखती पेंसिल की छवि।

✏️ प्रयोग 3: "प्रकाश का अपवर्तन — मुड़ना" 💧

सामग्री:
पानी से भरा गिलास

एक पेंसिल

करें:
पेंसिल को आधा पानी में डालें।

वह मुड़ी या टूटी हुई दिखेगी।

💡 क्यों?
पानी में प्रकाश की गति धीमी होती है,
इसलिए वह मुड़ता है —
👉 यही है अपवर्तन (Refraction)।

🎨 चित्र: गिलास में मुड़ी दिखती पेंसिल।

✏️ प्रयोग 4: "इंद्रधनुष के सात रंग" 🌈

सामग्री:
प्रिज्म (या CD)

टॉर्च

करें:
टॉर्च की रोशनी को प्रिज्म से गुज़ारिए।

दीवार पर सात रंगों का इंद्रधनुष बनेगा।

💡 क्यों?
सफेद रोशनी सात रंगों (VIBGYOR) में बँट जाती है —
बैंगनी, नीला, आसमानी, हरा, पीला, नारंगी, लाल।

🎨 चित्र: प्रिज्म से बनता इंद्रधनुष।

✏ प्रयोग 5: "छाया और प्रकाश"

सामग्री:
टॉर्च

खिलौना

दीवार

करें:
खिलौने को दीवार के सामने रखिए।

टॉर्च की रोशनी डालिए —
दीवार पर छाया (Shadow) बनेगी।

क्यों?
प्रकाश वस्तु से नहीं गुजर सकता,
इसलिए उसके पीछे अंधेरा क्षेत्र (छाया) बनता है।

चित्र: दीवार पर खिलौने की छाया।

प्रकाश के तीन जादू:

प्रकार	अर्थ	उदाहरण
परावर्तन	लौटना	दर्पण
अपवर्तन	मुड़ना	पानी में पेंसिल
विकिरण	रंगों में टूटना	इंद्रधनुष

सफेद रोशनी के सात रंग (VIBGYOR):

क्रम	रंग	हिंदी नाम
■	Violet	बैंगनी
■	Indigo	नीला
■	Blue	आसमानी
■	Green	हरा

- Yellow पीला
- Orange नारंगी
- Red लाल

चित्र: VIBGYOR का रंगीन बैंड।

प्रकाश का महत्व:

- हमें देखने की शक्ति देता है
- पौधों में प्रकाश संश्लेषण करवाता है
- गर्मी और ऊर्जा देता है
- दिशा और दूरी बताने में मदद करता है

सोचिए और बताइए:

- क्या हम बिना प्रकाश के कुछ देख सकते हैं?
- क्यों चाँद रात में चमकता है?
- क्या दर्पण उलटी छवि दिखाता है?

संकेत: हाँ, दर्पण बाएँ और दाएँ बदल देता है!

गतिविधि: "मेरा प्रकाश चार्ट"

प्रयोग	क्या देखा	क्या सीखा
छेदों से टॉर्च	सीधी रोशनी	प्रकाश सीधा चलता है
दर्पण	प्रतिबिंब	परावर्तन
गिलास में पेंसिल	मुड़ी दिखी	अपवर्तन
प्रिज्म	सात रंग	विकिरण
टॉर्च और खिलौना	छाया बनी	प्रकाश नहीं गुजरता

चित्र विवरण:

तीन छेदों से गुजरती किरण

दर्पण में पेंसिल

पानी में टूटी पेंसिल

प्रिज्म से बना इंद्रधनुष

दीवार पर खिलौने की छाया

छोटा क्विज़:

प्रश्न	उत्तर
प्रकाश सीधी रेखा में क्यों चलता है?	उसकी गति स्थिर होती है
दर्पण में छवि कैसे बनती है?	परावर्तन से
पानी में पेंसिल मुड़ी क्यों दिखती है?	अपवर्तन से
सफेद रोशनी कितने रंगों की होती है?	सात
छाया क्यों बनती है?	प्रकाश वस्तु से नहीं गुजरता

सारांश:

विषय	सीख
प्रकाश	ऊर्जा का रूप
परावर्तन	दर्पण में लौटना
अपवर्तन	माध्यम बदलने पर मुड़ना
विकिरण	सात रंगों में बँटना
छाया	प्रकाश के रुकने से बनती है

"क्या सीखा":

प्रकाश सिर्फ देखने का साधन नहीं,
यह सृजन का आधार है।
इसमें रंग हैं, ऊर्जा है, और ब्रह्मांड का रहस्य छिपा है।

🌟 प्रेरक वाक्य:

“प्रकाश जब टूटता है,
तब इंद्रधनुष बनता है —
कभी-कभी टूटना भी सुंदर होता है।”

■ अध्याय 31: विज्ञान और प्रौद्योगिकी — हमारे आसपास की आधुनिक खोजें

● सीखने का उद्देश्य:
यह समझना कि विज्ञान (Science) से जन्मी प्रौद्योगिकी (Technology)
हमारे जीवन को कैसे आसान बनाती है,
और कैसे हर आधुनिक उपकरण —
जैसे मोबाइल, कंप्यूटर, इंटरनेट और रोबोट —
विज्ञान के सिद्धांतों पर आधारित हैं। ● 🌐

परिचय:
क्या आपने कभी सोचा है —
▮ मोबाइल कॉल कैसे करता है?
▮ कंप्यूटर इतनी जल्दी हिसाब कैसे लगाता है?
🚀 अंतरिक्ष यान खुद रास्ता कैसे ढूँढता है?

👉 इन सबके पीछे है विज्ञान और प्रौद्योगिकी का संगम।

विज्ञान हमें "क्यों और कैसे" बताता है,
जबकि प्रौद्योगिकी (Technology) उसे "किस तरह उपयोग करें" सिखाती है।

विज्ञान सोचता है,
प्रौद्योगिकी बनाती है। ● ⚙

💡 याद रखें:
"विज्ञान ज्ञान है —
प्रौद्योगिकी उसका उपयोग है।"

● हमारे आसपास की प्रमुख खोजें:

उपकरण	कार्य	सिद्धांत
▮ मोबाइल	संचार	रेडियो तरंगें

■ कंप्यूटर	गणना, जानकारी	इलेक्ट्रॉनिक्स
GPS	दिशा बताना	उपग्रह प्रणाली
रोबोट	काम करना	सेंसर और एआई
इंटरनेट	सूचना साझा करना	डेटा नेटवर्क
इलेक्ट्रिक वाहन	यात्रा	बैटरी और मोटर

प्रयोग 1: "रेडियो तरंगें — बिना तार का संदेश"

सामग्री:
दो वॉकी-टॉकी (या मोबाइल)

करें:
एक बच्चे से बोलें, दूसरा दूर सुनें।

आवाज़ बिना तार पहुँचेगी।

क्यों?
मोबाइल और रेडियो रेडियो तरंगों (Radio Waves) से काम करते हैं, जो हवा में यात्रा करती हैं।

चित्र: दो बच्चे वॉकी-टॉकी से बातें करते हुए।

प्रयोग 2: "कंप्यूटर सोचता कैसे है?" ■

सामग्री:
पेपर

कुछ गणित के सवाल

करें:
सवाल खुद हल करें — समय लें।

वही सवाल कंप्यूटर में टाइप करें — तुरंत जवाब!

क्यों?
कंप्यूटर में एल्गोरिद्म (Algorithm) होते हैं,

जो विज्ञान + गणित + लॉजिक से निर्णय लेते हैं।

🎨 चित्र: बच्चा कंप्यूटर पर गणना करता हुआ।

🖊 प्रयोग 3: "सेंसर कैसे काम करते हैं?" 🔦
सामग्री:
ऑटोमैटिक टॉर्च (या नाइट लाइट)

करें:
रोशनी में टॉर्च रखें — बंद रहेगी।

अंधेरा होने पर — अपने आप जल जाएगी।

💡 क्यों?
यह लाइट सेंसर से जुड़ी है,
जो वातावरण की रोशनी मापकर निर्णय लेती है।

🎨 चित्र: अंधेरे में जलती नाइट लाइट।

🖊 प्रयोग 4: "रोबोट की सोच" 🤖
सामग्री:
खिलौना रोबोट या ऑटो-क्लीनर

करें:
उसे चालू करें — वह रास्ता खुद खोजेगा।

सामने रुकावट आने पर मुड़ेगा।

💡 क्यों?
रोबोट में लगे सेंसर (Sensors) और AI Logic
उसे सोचने, रुकने और दिशा बदलने में मदद करते हैं।

🎨 चित्र: बाधा से बचता खिलौना रोबोट।

✏️ प्रयोग 5: "उपग्रह से दिशा" 🛰️

सामग्री:
मोबाइल में GPS ऐप

करें:
अपने मोबाइल में "लोकेशन" ऑन करें।

अपनी वर्तमान स्थिति देखें।

💡 क्यों?
GPS (Global Positioning System)
उपग्रहों से सिग्नल लेकर हमारी स्थिति बताता है।

🎨 चित्र: मोबाइल पर नक्शे में दिखाई जगह।

⚙️ आधुनिक तकनीक के क्षेत्र:

क्षेत्र	उपयोग
🏥 चिकित्सा	एक्स-रे, MRI, रोबोटिक सर्जरी
🌾 कृषि	ड्रोन, सेंसर सिंचाई
🚀 अंतरिक्ष	उपग्रह, चंद्रयान
🏫 शिक्षा	स्मार्ट क्लास, ई-लर्निंग
🏠 घर	स्मार्ट उपकरण, ऑटोमैटिक सिस्टम

🤖 आर्टिफिशियल इंटेलिजेंस (AI):
AI (कृत्रिम बुद्धिमत्ता) का मतलब है —
कंप्यूटर को सोचना, सीखना और निर्णय लेना सिखाना।

💡 जैसे —
📱 गूगल असिस्टेंट आपकी बात समझता है,
🚗 कार खुद चलती है,
🎮 गेम्स में किरदार खुद सोचते हैं।

🌐 इंटरनेट ऑफ थिंग्स (IoT):
जब रोज़मर्रा की चीजें —

जैसे बल्ब, पंखा, फ्रिज —
इंटरनेट से जुड़कर खुद चलने लगती हैं,
तो इसे कहते हैं IoT (Internet of Things)।

🍎 उदाहरण:
"Alexa, light on!" 💡

🎨 चित्र: बच्चा वॉइस कमांड से लाइट जलाता हुआ।

🔍 सोचिए और बताइए:
■ क्या मशीनें इंसानों की तरह सोच सकती हैं?
■ क्या विज्ञान के बिना तकनीक संभव है?
■ क्या तकनीक हमेशा उपयोगी होती है? (सोचिए: मोबाइल vs समय)

✏ गतिविधि: "मेरा टेक्नोलॉजी चार्ट"

प्रयोग	उपकरण	सिद्धांत
वॉकी-टॉकी	मोबाइल	रेडियो तरंगें
गणना	कंप्यूटर	एल्गोरिद्म
नाइट लाइट	सेंसर	ऑटो डिटेक्शन
रोबोट	AI	सोचने की क्षमता
GPS	उपग्रह	सिग्नल प्रणाली

🎨 चित्र विवरण:
📡 वॉकी-टॉकी से बातचीत

■ बच्चा कंप्यूटर पर सवाल हल करता हुआ

🔦 सेंसर टॉर्च

🤖 बाधा से बचता रोबोट

🛰 GPS से दिशा दिखाता मोबाइल

🧩 छोटा क्विज़:

प्रश्न	उत्तर
■ मोबाइल किस तरंग पर चलता है?	रेडियो तरंग
■ कंप्यूटर कैसे सोचता है?	एल्गोरिद्म से
■ सेंसर क्या करते हैं?	बदलाव पहचानते हैं
■ AI क्या है?	कृत्रिम बुद्धिमत्ता
■ GPS कैसे काम करता है?	उपग्रह सिग्नल से

🧠 सारांश:

विषय	सीख
विज्ञान	खोज और समझ
तकनीक	उसका उपयोग
AI	मशीनों की बुद्धि
IoT	इंटरनेट से जुड़ी चीजें
GPS	दिशा पहचान

■ “क्या सीखा”:
विज्ञान हमें सोचने की शक्ति देता है,
तकनीक उसे कार्य में बदल देती है।
जब दोनों मिलते हैं —
तो दुनिया बदलती है। ● 💡

प्रेरक वाक्य:

“तकनीक का सही उपयोग वही कर सकता है,
जो विज्ञान को समझता है।”

■ अध्याय 32: भविष्य का विज्ञान — नई खोजें और बच्चों के लिए प्रेरणाएँ

सीखने का उद्देश्य:
यह जानना कि आने वाले समय में
विज्ञान और तकनीक हमें कहाँ ले जा सकती हैं,
कौन-कौन सी नई खोजें संभव हैं,
और बच्चे कैसे बन सकते हैं भविष्य के वैज्ञानिक। •

परिचय:
हमने अब तक सीखा —
मशीनों का विज्ञान,
ऊर्जा के रूप,
बिजली और चुंबक,
प्रकाश और रंग,
आधुनिक तकनीक।

अब सवाल है —
"आगे क्या?"

भविष्य का विज्ञान वह है
जो आज कल्पना लगता है,
पर कल वास्तविकता बन सकता है।

"जो आज सोचता है,
वही कल बनाता है।"

याद रखें:
"हर बच्चे के दिमाग में एक खोज छिपी है —
बस उसे पूछने की हिम्मत चाहिए।"

भविष्य की अद्‍भुत खोजें (Future Wonders)

क्षेत्र	आने वाली खोजें	क्या बदलेंगी
■ अंतरिक्ष	मंगल पर बसाहट, चाँद पर कॉलोनी	जीवन का नया ठिकाना

परिवहन	उड़ने वाली कारें, हाइपरलूप ट्रेनें	यात्रा मिनटों में
सोचने वाली मशीनें	एआई रोबोट, ब्रेन-कंप्यूटर लिंक	काम का स्वचालन
ऊर्जा	कृत्रिम सूरज (फ्यूजन एनर्जी)	अनंत ऊर्जा
चिकित्सा	जीन संपादन, नैनो-रोबोट	बीमारियाँ खत्म
पर्यावरण	कार्बन खाने वाले पेड़	स्वच्छ धरती
स्मार्ट जीवन	होलोग्राम घर, वॉइस-कंट्रोल दुनिया	सुविधा और कनेक्शन

चित्र: भविष्य की शहर — उड़ती कारें, सोलर इमारतें, रोबोट साथी।

प्रयोग 1: "कल्पना की उड़ान"

सामग्री:

पेंसिल

कागज़

करें:

अपनी "भविष्य की खोज" बनाइए।

सोचिए —

किस समस्या को हल करती है?

कैसे काम करेगी?

दुनिया को क्या फायदा होगा?

उदाहरण:

"एक जूता जो चलने से बिजली बनाता है।"

चित्र: बच्चे अपनी "भविष्य की खोज" का चित्र बनाते हुए।

प्रयोग 2: "छोटा वैज्ञानिक क्लब"

सामग्री:

3–4 मित्र

एक कॉपी "विज्ञान डायरी"

करें:

हर बच्चा हर हफ्ते एक सवाल लिखे — “क्यों?”

सब मिलकर जवाब खोजें या प्रयोग करें।

💡 यही है वैज्ञानिक सोच —
हर उत्तर से नया सवाल निकलना।

🎨 चित्र: बच्चे गोल बैठकर चर्चा करते हुए।

✏️ प्रयोग 3: “मिनी इनोवेशन शो” 🎤
सामग्री:
कार्डबोर्ड, खिलौने, तार, बोतलें

करें:
कोई नया मॉडल बनाएँ —
“सोलर कार”, “पानी फिल्टर”, “एयर कूलर” आदि।

उसे सबको दिखाएँ और समझाएँ।

💡 क्यों?
कल्पना + प्रयोग = आविष्कार (Invention)

🎨 चित्र: बच्चा मंच पर अपनी खोज समझाता हुआ।

🪐 भविष्य में हम कहाँ जा रहे हैं:
■ ■ मंगल ग्रह पर जीवन —
ISRO और NASA वहाँ बस्ती बसाने की तैयारी कर रहे हैं।

■ 🤖 सोचने वाले रोबोट —
जो घर, स्कूल और अस्पताल में मदद करेंगे।

■ ■ स्मार्ट शहर —
जहाँ हर लाइट, गाड़ी और घर इंटरनेट से जुड़ा होगा।

■ 🌞 सौर और फ्यूजन ऊर्जा —
जो बिजली का भविष्य होंगी।

■ 🧬 मानव शरीर की मरम्मत —
जीन संपादन और नैनो मशीनें हमें बीमारियों से बचाएँगी।

🌈 भविष्य के लिए बच्चों के पाँच मंत्र:
■ जिज्ञासु बनो — हर चीज़ में "क्यों" पूछो।
■ प्रयोग करो — जब तक समझ न आए, हार मत मानो।
■ साझा करो — अपनी खोज दोस्तों से बाँटो।
■ प्रकृति से जुड़ो — विज्ञान वहीं से शुरू होता है।
■ कल्पना करो — क्योंकि कल की खोज आज के सपने से निकलती है। ✨

🔍 सोचिए और बताइए:
■ अगर तुम वैज्ञानिक बनो तो कौन-सी खोज करोगे?
■ भविष्य में कौन-सी मशीन तुम्हारे काम आएगी?
■ क्या तकनीक और प्रकृति साथ चल सकते हैं?

✏ गतिविधि: "भविष्य मेरा सपना"

प्रश्न	उत्तर
मेरा सपना ✨	
मेरी खोज का नाम ⚙	
यह क्या करेगी ●	
यह कैसे काम करेगी 💡	

🎨 चित्र: बच्चा अपनी खोज का पोस्टर बनाता हुआ।

🎨 चित्र विवरण:
💭 सोचता बच्चा "भविष्य की खोज" बनाता हुआ

🤖 रोबोट और उड़ती कारें

🌞 सोलर टावर और हरा शहर

बच्चे विज्ञान क्लब में चर्चा करते हुए

बच्चा मंच पर मॉडल दिखाता हुआ

✱ छोटा क्विज़:

	प्रश्न	उत्तर
■	भविष्य की ऊर्जा क्या होगी?	फ्यूजन और सौर ऊर्जा
■	मंगल पर क्या योजना है?	जीवन बसाना
■	AI क्या करता है?	सोचता और निर्णय लेता है
■	बच्चों को क्या करना चाहिए?	सवाल पूछना और प्रयोग करना
■	आविष्कार का पहला कदम क्या है?	कल्पना

● सारांश:

विषय	सीख
भविष्य विज्ञान	नई सोच और तकनीक
खोज	कल्पना से शुरू होती है
बच्चे	भविष्य के वैज्ञानिक
नवाचार	प्रयोग से जन्मता है
लक्ष्य	धरती और जीवन सुधारना

■ "क्या सीखा":

भविष्य का विज्ञान केवल मशीनों का नहीं,
बल्कि सोच, कल्पना और जिम्मेदारी का है।
हर बच्चा अगर एक सवाल पूछे,
तो दुनिया बदल सकती है। ●

✱ प्रेरक वाक्य:

"बड़े वैज्ञानिक वह नहीं जो सब जानते हैं,
बल्कि वह जो पूछना नहीं छोड़ते।"

🎓 पुस्तक का समापन संदेश:

प्रिय बच्चों,
अब तुमने सीखा —
🌞 प्रकाश का जादू,
🔊 ध्वनि की लहरें,
🧲 चुंबक की ताकत,
⚙️ मशीनों का खेल,
🌿 पर्यावरण का विज्ञान,
🚀 और अंतरिक्ष का रहस्य।

अब तुम्हारे हाथ में है —
"कल्पना की चाबी" 🔑

जहाँ भी तुम जाओ —
प्रकृति को देखो, सवाल पूछो,
और कुछ नया करने की कोशिश करो।

"क्योंकि विज्ञान कोई किताब नहीं,
यह हर सांस, हर सवाल, हर प्रयोग में छिपा है।" 🪶✨

📖 पुस्तक का समापन — "ज्ञान की यात्रा, कल्पना की उड़ान"

🪶 पुस्तक सारांश (Book Summary):

यह पुस्तक "आओ करके सीखें — विज्ञान का खेल"
एक ऐसी यात्रा है जो जिज्ञासा से ज्ञान
और ज्ञान से सृजन की ओर ले जाती है।

यह किताब सिर्फ विज्ञान सिखाने के लिए नहीं,
बल्कि विज्ञान को जीने के लिए लिखी गई है।

हर अध्याय में बच्चे
करके सीखने (Learning by Doing)

का मज़ा लेते हैं —
कभी प्रयोग से, कभी खेल से,
कभी सवाल से, और कभी कल्पना से। ✱

■ 32 अध्यायों में विज्ञान का सम्पूर्ण संसार:

खंड	विषय	क्या सीखा
■	विज्ञान क्या है	जिज्ञासा और सोच
■	हमारे चारों ओर विज्ञान	रोज़मर्रा की खोजें
■	हवा का विज्ञान	दबाव और बल
■	पानी के प्रयोग	तैरना और बहना
■	आग और ऊष्मा	ताप और ऊर्जा
■	पौधों का विज्ञान	जीवन और प्रकाश संश्लेषण
■	जानवरों की अद्भुत दुनिया	इंद्रियाँ और व्यवहार
■	मानव शरीर	दिल, दिमाग और सांस
■	सरल मशीनें	लीवर, पुली, पहिया
■	बिजली और चुंबक	इलेक्ट्रोमैग्नेट
■ ■	ऊर्जा के रूप	रूपांतरण और गति
■ ■	ध्वनि	कंपन और संगीत
■ ■	प्रकाश	परावर्तन और रंग
■ ■	पर्यावरण	स्वच्छ धरती
■ ■	अंतरिक्ष	रॉकेट और उपग्रह
■ ■	आधुनिक तकनीक	मोबाइल, रोबोट, एआई
■ ■	भविष्य का विज्ञान	कल्पना और नवाचार

प्रत्येक अध्याय में —
प्रयोग। चित्र। सोचो और बताओ। क्विज़। गतिविधि

इससे यह किताब बन जाती है —
"एक प्रयोगशाला जैसी किताब"
जिसे बच्चे पढ़ते नहीं, जीते हैं।

इस पुस्तक का उद्देश्य:
■ बच्चों में वैज्ञानिक सोच विकसित करना।
■ खेल-खेल में प्रयोग करवाना।

■ सवाल पूछने की आदत जगाना।
■ पर्यावरण, ऊर्जा और जीवन के प्रति जिम्मेदारी सिखाना।
■ बच्चों को बनाना — भविष्य के खोजकर्ता।

● बच्चों के लिए प्रेरक संदेश:

प्रिय बच्चों,
तुम्हारे अंदर एक छोटा वैज्ञानिक छिपा है।
वह हर बार जागता है जब तुम कहते हो —
"ये क्यों हुआ?", "ऐसा कैसे?", "अगर ऐसा हो जाए तो?"

👉 यही "क्यों" है विज्ञान की चाबी।

विज्ञान सिर्फ प्रयोगशाला में नहीं,
यह तुम्हारी हर सांस में है —
जब हवा बहती है, जब बल्ब जलता है,
जब इंद्रधनुष दिखता है,
या जब तुम्हारे मन में एक नया सवाल उठता है।

कभी मत सोचो कि तुम छोटे हो —
क्योंकि हर बड़ा आविष्कार
कभी किसी छोटे सवाल से शुरू हुआ था।

● प्रेरणा उद्धरण (Inspiring Quotes for Kids):
✹ "सवाल पूछना ही खोज की शुरुआत है।"
🌿 "जो प्रकृति को देखता है, वही विज्ञान समझता है।"
✿ "हर असफल प्रयोग एक नया रास्ता दिखाता है।"
🌀 "कल्पना ही सबसे बड़ी प्रयोगशाला है।"
● "सीखना खेल है — अगर तुम खेलकर सीखो।"

💬 लेखक का संदेश (Author's Note):

प्रिय पाठक,
मैंने यह पुस्तक इस विश्वास के साथ लिखी है कि
हर बच्चा जिज्ञासु होता है —
और अगर उसे सही दिशा मिले,
तो वह न केवल विज्ञान समझ सकता है,
बल्कि विज्ञान बना भी सकता है।

"यह पुस्तक किताब नहीं —
बच्चों की प्रयोगशाला है।"

हर अध्याय को इस तरह तैयार किया गया है कि
बच्चे खुद करके समझें,
देखें, महसूस करें,
और विज्ञान को अपने जीवन में अपनाएँ।

मेरा उद्देश्य केवल ज्ञान देना नहीं,
बल्कि प्रेरणा जगाना है।

अगर इस पुस्तक को पढ़ने के बाद
कोई बच्चा एक सवाल पूछे,
एक प्रयोग करे,
या कुछ नया सोचने लगे —
तो समझिए यह किताब सफल हुई। ❤️

— ✍️ दुधेश्वर कंवर
(लेखक, शिक्षाविद् एवं विज्ञान संप्रेषक)

🌟 बच्चों के नाम समर्पण (Dedication Page):

✨ यह पुस्तक उन सभी बच्चों को समर्पित है —
जो "क्यों?" पूछते हैं,
"कैसे?" समझना चाहते हैं,

और "क्या मैं कर सकता हूँ?" पर विश्वास रखते हैं।

तुम सिर्फ भविष्य नहीं —
भविष्य के निर्माता हो।

विशेष धन्यवाद (Acknowledgment):

इस पुस्तक के प्रत्येक विचार, प्रयोग और चित्र के लिए
धन्यवाद उन सभी शिक्षकों, वैज्ञानिकों और बच्चों को
जिन्होंने विज्ञान को सिर्फ विषय नहीं,
बल्कि जीवन का उत्सव बनाया।

अंतिम संदेश:

"विज्ञान केवल जानने का नहीं,
करने का नाम है।"

"अगर तुम सोचते हो,
तो तुम वैज्ञानिक हो।"

"हर सवाल, हर जिज्ञासा,
भविष्य की नई खोज बन सकती है।"

🧠 सारांश (Summary of the Book)

"आओ करके सीखें — विज्ञान का खेल"
बच्चों के लिए एक प्रयोगशाला जैसी किताब है,
जिसमें वे देखेंगे, सोचेंगे, महसूस करेंगे और समझेंगे
कि विज्ञान उनके आसपास हर जगह है।

हर अध्याय जिज्ञासा जगाता है,
हर प्रयोग सोचने पर मजबूर करता है,
और हर सवाल एक नई खोज की शुरुआत बनता है।

"अगर तुमने आज एक सवाल पूछा —
तो कल एक आविष्कार जरूर होगा।"

👤 About the Author (लेखक परिचय)

दुधेश्वर कंवर
एक विज्ञान संप्रेषक, शिक्षाविद् और प्रेरक लेखक हैं।
उन्होंने विज्ञान को सरल, मनोरंजक और समझने योग्य
रूप में प्रस्तुत करने के लिए कई पुस्तकें और कार्यक्रम बनाए हैं।

उनका मानना है —

"विज्ञान बच्चों की भाषा में होना चाहिए,
ताकि हर बच्चा वैज्ञानिक बन सके।"

📍 **Follow on:**
www.amazon.in/author/dudheshwarkanwar

🔬 "सीखो नहीं — करके देखो!"

यह पुस्तक बच्चों को किताबों से बाहर निकालकर
प्रयोगों की दुनिया में ले जाती है।

हर अध्याय में एक नया विज्ञान खेल,
हर प्रयोग में एक नया अनुभव,
और हर सवाल में एक नई खोज छिपी है।

✸ "आओ करके सीखें — विज्ञान का खेल"
बच्चों को सिखाती है कि

■ समापन पंक्ति:
"आओ खेलें, आओ सोचें, आओ करें —
क्योंकि हर बच्चा एक प्रयोग है,
और हर प्रयोग एक खोज।" ✨

■ पुस्तक समाप्त
"आओ करके सीखें — विज्ञान का खेल"
लेखक: दुधेश्वर कंवर

www.ingramcontent.com/pod-product-compliance
Lightning Source LLC
LaVergne TN
LVHW052150210926
848482LV00019B/310
9798905104091